초판 1쇄 2009년 2월 23일 | **초판 18쇄** 2023년 6월 16일
글 유지현 | **그림** 이장미 | **감수 · 추천** 신병주
편집 조연진 | **마케팅** 강백산, 강지연
디자인 곰곰디자인 · 조희정
펴낸이 이재일
펴낸곳 토토북 04034 서울시 마포구 양화로11길 18, 3층(서교동, 원오빌딩)
전화 02-332-6255 | **팩스** 02-6919-2854
전자우편 totobooks@hanmail.net
홈페이지 www.totobook.com
출판등록 2002년 5월 30일 제10-2394호
ISBN 978-89-90611-72-7 73910

이 책은 저작권법에 의해 보호를 받는 저작물이므로 무단 전재 및 무단 복제를 금합니다.
잘못된 책은 구입하신 곳에서 바꾸어 드립니다.

제품명: 조선왕실의 보물 의궤 | **제조자명:** 토토북 | **제조국명:** 대한민국 | **전화:** 02-332-6255
주소: 서울시 마포구 양화로11길 18, 3층(서교동, 원오빌딩) | **제조일:** 2023년 6월 16일 | **사용연령:** 8세 이상
* KC 인증 유형: 공급자 적합성 확인
* KC마크는 이 제품이 공통안전기준에 적합하였음을 의미합니다.

⚠ **주의** 책의 모서리에 다치지 않게 주의하세요.

조선왕실의 보물 의궤

www.totobook.com

기록으로 되살아난 조선왕실, 그 생생한 모습들

조선시대에는 왕실에서 큰 행사를 하고 나면, 꼭 기록과 그림으로 남겨 놓았습니다. 이러한 책들을 '의궤(儀軌)'라고 하는데, 의궤를 통하여 결혼식, 궁중잔치, 왕의 행차 등 조선시대 왕실에서 거행했던 행사의 생생한 모습들을 살펴볼 수 있습니다. 2007년에 의궤가 유네스코 세계기록유산으로 지정을 받고, 최근에 프랑스에 약탈당한 의궤 반환 문제가 언론에 오르내리면서 의궤에 대한 관심이 점차 커지고 있습니다. 이러한 분위기에서 의궤를 다룬 책들이 일부 소개되었으나, 대부분 그 내용이 전문적이어서 우리 어린이들이 쉽게 접하기에는 어려운 점이 있었습니다.

 의궤는 조선시대 왕실의 모습을 기록과 함께 그림으로 생생하게 보여주고 있어서, 선조들의 뛰어난 기록정신과 왕실문화의 다양함을 접하는데 큰 도움이 되는 자료입니다. 이러한 의궤의 모습을 우리 어린이들이 알았으면 참 좋겠다는 생각을 하고 있던 차에 토토북에서 어린이들이 쉽게 접할 수 있는《조선왕실의 보물, 의궤》를 출판하여 무척이나 반갑게 생각합니다.

저도 의궤를 가장 많이 보관하고 있는 서울대학교 규장각 한국학연구원에 있을 때 의궤를 연구한 책을 쓴 적이 있습니다. 이 책을 보니 이제까지 전문가들이 연구한 내용을 잘 반영하여 어린이들의 눈높이에 맞추어 흥미롭게 소개하고 있는 점이 마음에 듭니다. 특히 왕의 출생부터 사망에 이르기까지 왕실 행사의 모습을 보여주고, 곳곳에 어린이들이 궁금하게 여길 만한 내용들을 이야기로 풀어쓰고 있어서 술술 읽히기도 합니다. 깔끔하게 편집된 그림과 사진들은 마치 우리를 그때의 현장으로 직접 안내하는 듯, 조선시대 왕실문화를 생생하게 접하게 합니다.

아무쪼록 우리 어린이들이 이 책을 읽으면서 의궤에 대해서 많은 것을 접하고, 우리 선조들의 뛰어난 문화 능력을 체험했으면 합니다. 자랑스러운 문화유산을 남긴 선조들의 전통을 이어받아 오늘에 계승하는 것은 현재를 살아가는 우리들의 과제가 아닐까요?

신병주 (건국대 사학과 교수)

의궤는 조선왕조의 독특한 전통이에요

부모님의 결혼사진을 본 적 있어요? 그 속에는 지금과는 다른, 우리가 세상에 태어나기 전 부모님의 모습이 담겨 있어요. 조금은 머쓱한 아빠, 조금은 수줍은 엄마, 또 결혼식에 참여한 다른 사람들의 모습도 볼 수 있지요. 시간이 흐른 지금에도 사진 덕분에 결혼식에서 어떤 일이 있었는지를 조금이나마 엿볼 수 있답니다.

그럼 머나먼 옛날 조선시대 임금님의 결혼식은 어땠을까요? 우리가 임금님의 결혼식에 대해 알 수 있을까요? 사진 없이도 임금님의 결혼식을 엿볼 수 있는 방법이 있답니다. 바로 의궤를 펼쳐보면 돼요!

의궤는 임금님의 결혼식처럼 조선왕실의 중요한 행사를 글과 그림으로 자세히 기록한 책이에요. 의궤란 말을 처음 들어보거나 어렵다고 생각하는 친구도 있을 거예요. 의궤는 '의식'의 '모범'이란 뜻입니다. 예를 들면 결혼식의 모범적인 상황을 기록한 것이지요. 오늘날 결혼사진에 결혼식의 중요한 장면이 담겨 있는 것처럼 의궤에 기록된 그림들은 사진보다 더 생생하게 조상들의 모습을 보여줍니다. 의궤를 보면

우리 민족이 얼마나 투철한 기록정신을 갖고 있었는지 알 수 있답니다.
의궤는 고려시대에는 없던 조선왕조의 독특한 전통입니다. 그 가운데에서도 특히 영조와 정조 임금님이 나라를 다스리던 시기에 많이 만들어졌어요. 두 분 모두 나라를 튼튼하고 부강하게 만든 훌륭한 임금님이랍니다. 두 임금님의 시대에는 왕과 나라의 힘을 보여주려는 왕실의 행사가 많았고 이것을 기록으로 남기려는 의지도 강해 중요한 의궤들을 많이 남겼습니다. 이 시대에 만들어진 의궤를 보면 왕실의 문화는 물론 영조와 정조 임금님에 대해서도 잘 알 수 있어요. 그리고 그 속에 담긴 우리 선조들의 놀라운 지혜도 배울 수 있답니다.
어때요, 의궤에 대해 좀 더 알고 싶지 않나요? 의궤가 무엇인지 궁금한 친구들은 이리 모이세요. 이제 함께 의궤 속으로 여행을 떠나볼까 해요. 의궤로 들어가는 길은 우리 친구 토토와 금붕어 박사가 안내할 거예요.
그럼 의궤 속에서 만나요!

유지현

차례

2 기록으로 되살아난 조선왕실, 그 생생한 모습들 _{추천의 글}
4 의궤는 조선왕조의 독특한 전통이에요 _{작가의 글}
7 이 책에 나오는 왕과 왕비
8 토토와 금붕어 박사, 의궤 속으로 떠나다!

10 왕의 탄생 · 정종대왕태실가봉의궤
18 왕의 활쏘기 · 대사례의궤
28 왕의 결혼 · 영조정순왕후가례도감의궤
42 왕의 제사 · 종묘의궤 · 경모궁의궤
58 왕의 건축 · 화성성역의궤
70 왕의 행차 · 원행을묘정리의궤
90 왕의 죽음 · 정조국장도감의궤

104 의궤의 이모저모
108 세계가 우리 의궤의 우수함을 인정했어요 _{맺는 글}

정성왕후
첫 번째 왕비

정순왕후(1745-1805년)
15살 어린 나이에 66세의 영조에게 시집온 영조의 두 번째 왕비. 영조가 세상을 떠난 뒤에는 왕실의 최고 어른이 되었고 순조 때에는 어린 왕을 대신해 권력을 행사하기도 했어요.

영조(1694-1776)
조선시대 왕 중에서 가장 오래 살았고 또 가장 오래 왕위에 있었어요. 인재를 고루 뽑아 정치싸움을 없애고 사치풍조를 엄하게 다스렸습니다.

영빈 이씨
후궁

혜경궁 홍씨(1735-1815)
사도세자와 결혼해 정조를 낳았어요. 젊은 나이에 남편의 죽음을 봐야 했지만 아들 정조를 극진히 키웠습니다. 훗날 궁중생활의 경험을 《한중록》이란 책으로 남겼어요.

사도세자(1735-1762)
영조의 아들이자, 정조의 아버지예요. 청년기에는 아버지를 대신해 나랏일을 처리하기도 했지만 권력 다툼의 희생양이 되어 결국 뒤주에 갇혀 죽게 돼요.

효의왕후
왕비

정조(1752-1800)
영조의 손자이자, 사도세자와 혜경궁 홍씨의 아들로 조선의 22대 왕이에요. 11살에 아버지가 뒤주에 갇혀 죽음을 당하는 것을 봤어요. 아버지와 어머니에 대한 효심이 지극했으며 학문을 장려하고 부강한 나라를 만들기 위해 많은 노력을 기울였습니다.

수빈 박씨
후궁

순조

금붕어 안녕! 나는 똑똑박사 금붕어야. 여행을 많이 하고 책도 많이 읽어서 아는 게 정말 많아. 후훗. 지금 난 의궤 속으로 막 들어가려던 참이야.

토토 앗! 나도 같이 갈래. 나도 데려가!

금붕어 어휴, 또 따라왔네. 쟤는 이리저리 돌아다니길 좋아하고 나만큼이나 궁금한 것도 많은 아이야. 이름은 토토라고 해. 귀찮긴 하지만 혼자 가면 심심하니까 같이 가지 뭐.

토토 그런데 어딜, 왜 가는 거야?

금붕어 어딜 가는지도 모르고 따라왔단 말이야? 너답다, 정말! 우린 의궤 속으로 들어가서 조선시대 왕실에서 어떤 일이 벌어졌는지 살펴볼 거야. 의궤 속에 모든 게 담겨 있으니 기대해도 좋아.

토토 의궤? 그게 뭐지? 궤짝?

금붕어 아냐, 아냐. 그건 말이지…

의궤란?

조선왕실에서는 왕자님이 태어나거나 임금님이 결혼을 하는 등등 중요한 행사가 있을 때면 그에 관한 모든 것을 자세하게 기록해 책으로 만들었어. 그 책이 바로 의궤야. 이를테면 '조선왕실의 공식 행사보고서'가 의궤인 셈이지.

의궤는 왕실과 국가의 중요한 행사를 실수 없이 치르는 데 도움을 주었어. 다음에 같은 행사를 치를 때 미리 의궤을 보면서 꼼꼼히 준비하면 당황하지 않고 행사를 잘 치를 수 있었거든. '아, 옛날에는 이렇게 했구나. 우리도 이렇게 하자'고 할 수 있게 의궤가 본보기가 되어 주었어. 장난감 조립할 때 안에 들어 있는 설명서를 보면 장난감이 어떻게 이루어져 있고 어떻게 만들어야 하는지 그림과 글이 나오잖아. 의궤는 그 설명서랑 비슷하다고 보면 돼.

의궤에는 국왕이 내린 명령서, 각 업무와 관련해 오간 여러 가지 문서들, 담당자와 행사에 동원된 사람들의 명단, 사용된 물품, 경비의 지출 내역 등 시시콜콜한 것까지 빠짐없이 기록되어 있어. 글만 적은 게 아니고 그림도 그려 넣었지. 특히 행사의 주요장면을 그린 그림(반차도)은 마치 보는 이도 행사에 참여하고 있는 듯한 생생한 느낌을 전한단다.

왕의 탄생

우리가 만나 볼 첫 번째 의궤는 정조 임금님의 탄생과 관련된 의궤야.
'정종대왕'은 정조 임금님을 가리키고, '태실'은 태를 보관한 곳,
'가봉'은 태실을 새로 더해서 꾸미는 것을 말해.
그러니까 정조 임금님의 태실을 멋지게 꾸민 일을 기록한 의궤란 뜻이야.
태는 뭐고 태실은 뭔지 궁금하지? 또 태에 어떤 의미가 숨어 있길래
이토록 소중히 간직했을까?
백문이 불여일견! 직접 가서 보자고! 태실의궤 속으로!

정식 명칭은 《정종대왕태실석난간조배의궤》이지만, 보관하는
과정에서 표지 제목을 《정종대왕태실가봉의궤》라 하였다.

졍종대왕태실가봉의궤

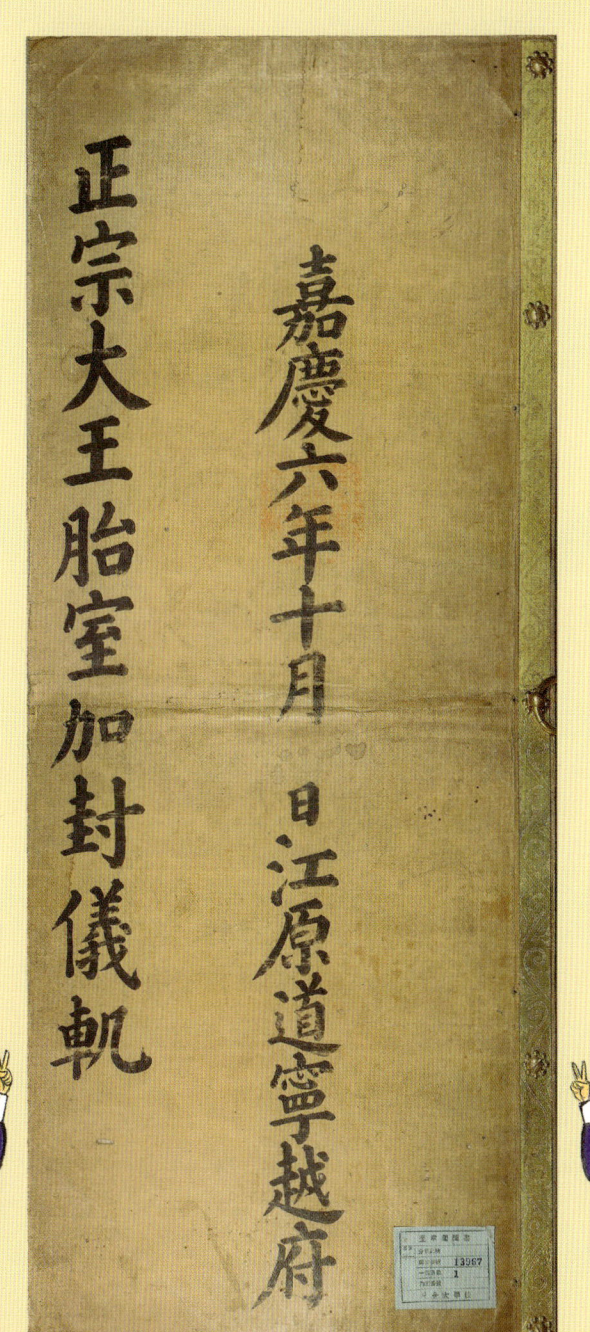

正宗大王胎室加封儀軌

嘉慶六年十月 日 江原道寧越府

산자리

산모가 아이를 낳는 곳인 산자리는 맨 아래서부터 볏짚, 빈 가마니, 돗자리, 양털 방석, 기름종이를 순서대로 놓고 그 위에 하얀 말가죽을 깐 다음 마지막으로 고운 볏짚을 깔아서 마련했다. 발 아래쪽에는 비단을 깔고 머리 위쪽에는 아들을 낳게 해달라는 의미로 다람쥐 가죽을 두었다.

금붕어 여긴 아기를 낳는 방이야. 세자빈인 혜경궁 마마가 곧 아기를 낳으실 예정이지. 왕비나 세자빈이 임신을 하면 출산 한 달 전에 아기 낳을 산실을 마련하고 산자리를 꾸몄어. 천장에 달린 저건 산모가 힘을 줄 때 잡는 말고삐야.

토토 이건 또 뭐지? 부적인가?

금붕어 응. 이건 최생부(催生符)라는 부적이야. 옛날에는 아기를 낳다가 산모가 죽는 일이 많았대. 지금 산모가 마시고 있는 저것이 바로 최생부를 태운 재야. 따뜻한 물에 타서 출산 전에 마시면 순산할 수 있다고 믿었거든.

토토 앗! 아기를 낳으시려나 봐.

최생부

금붕어 왕자님이 태어나셨어! 기뻐서 춤추는 저 분은 사도세자야. 영조 임금님의 둘째 아들이지. 첫째 아들인 효장세자가 죽은 뒤 태어나 2살에 세자가 되었어. 어린 나이에 어려운 글을 줄줄 읽을 정도로 총명해서 영조 임금님의 사랑을 듬뿍 받았다고 해.

토토 그럼 방금 태어난 왕자님이 영조 임금님의 손자네?

금붕어 그렇지. 사도세자와 혜경궁 홍씨 사이에서 태어난 저 아기가 뒷날 영조 임금님의 뒤를 잇게 될 정조 임금님이야.

토토 그럼 사도세자는? 그러고 보니 사도세자는 왜 그냥 세자야? 왕이 되지 못하신 거야?

금붕어 흠. 그건 좀 더 지켜보면 알게 될 거야.

세자

다음 왕이 될 사람을 세자라고 한다. 미리 왕이 될 준비를 하기 위해 보통 어린 나이에 세자로 결정되었다. 세자가 되면 보통 10살 전후의 어린 나이에 결혼을 하고 자손을 보기도 했다. 사도세자는 10살에 혜경궁 홍씨와 결혼을 하고 18살에 정조를 낳았다.

토토   어, 아기를 받아준 의녀 누나잖아. 뭘 저렇게 씻고 있지?

금붕어   저건 아기의 탯줄이야.

토토   태? 그게 뭐지?

금붕어   태(胎)는 아기가 엄마 뱃속에 있을 동안 아기와 엄마를 이어 주던 탯줄과 태반을 말해. 아기가 세상에 태어나면 잘라내는데 탯줄을 잘라낸 흔적이 바로 배꼽이야. 조선왕실에서는 태를 무척 소중히 여겨서 함부로 버리지 않았어. 아기가 태어난 지 일주일 정도 되면 저렇게 태를 깨끗하게 씻은 뒤 항아리에 넣어서 5개월 이내에 땅에 묻었지. 좋은 땅에 태를 묻으면 아기에게 평생 좋은 일이 생긴다고 믿었거든. 장차 왕이 될 왕자님의 태는 나라의 운명과 관련이 있다고 해서 더욱 소중히 여겨졌어.

태의 보관 순서

❶ 태를 백 번 가량 맑은 샘물로 씻고 향기로운 술로 한 번 더 헹군다.
❷ 씻은 태를 작은 백자 항아리에 넣고 이를 더 큰 항아리에 넣어 밀봉한 다음 이름표를 붙인다.
❸ 태항아리를 둥그런 돌 상자에 넣고 태의 주인과 날짜를 적어 돌로 만든 방, 즉 태실에 넣고 묻는다.

백자 태항아리

정종대왕 태실과 태실비, 강원도 영월군 소재. ⓒ김성철

토토 와~ 경치 좋~다!

금붕어 여기는 태를 보관하는 태실이야. 저 사람들은 태실을 지키는 군사들이고. 소중한 태를 묻은 곳이니 잘 보호해야지. 태실 주변의 나무를 함부로 베거나 그 옆에서 농사를 짓는 사람은 큰 벌을 받았어. 태실이 잘못되면 태의 주인인 왕자님은 물론 나라에도 안 좋은 일이 생긴다고 여겼으니까.

태실과 태봉산

왕자님의 태항아리는 산과 강이 있는 경치 좋은 땅에 묻었다. 태가 묻어 있는 방을 태실이라 하고 태실이 있는 산을 태봉산이라 했다. 보통 높고 뾰족한 봉우리가 있는 곳이 태봉산이 되었는데, 조선시대에는 지도에도 태실과 태봉산을 넣었다.

의궤 속으로 풍덩! 태실의궤

왕자님의 태는 소중해

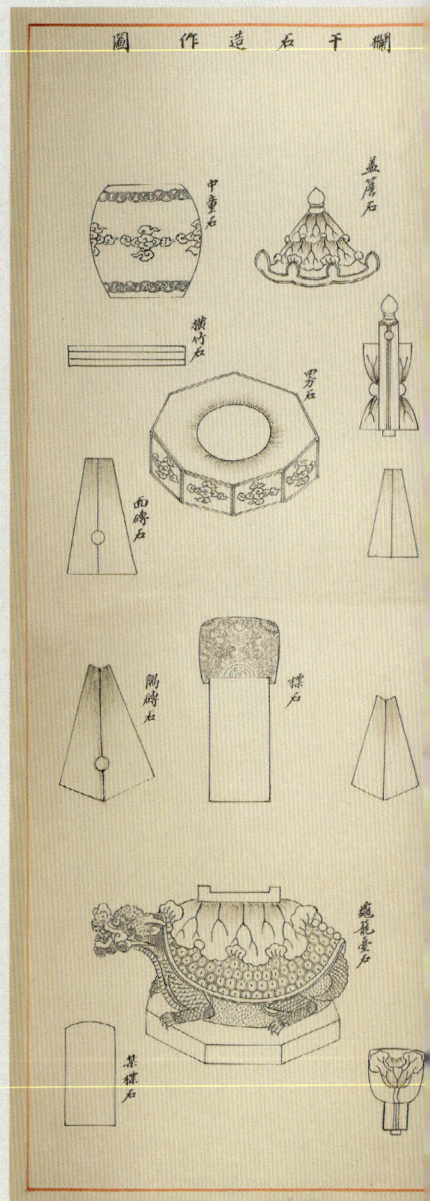

태실의궤는 왕자녀의 태를 보관한 기록을 모은 거야. 조선왕실에서는 태를 소중히 여겼기 때문에 태에 관한 의궤를 만드는 일 또한 큰 행사로 여겨졌어. 지금 남아 있는 태실의궤에는 여러 종류가 있어. 《원자아기씨장태의궤》(1809)는 태를 묻은 기록을 담은 것이고, 《익종대왕태실가봉석난간조배의궤》(1836)는 태실을 고치고 돌로 난간을 만든 과정을 기록한 것이지. 의궤의 긴 이름 가운데 앞 부분은 누구와 관련된 의궤인지를 나타내고 그 다음은 어떤 내용을 담고 있는지를 나타내.
태실의궤는 다른 의궤에 비해 세로의 길이가 길어. 무려 86cm나 되는 것도 있어.
앞에서 살펴본 의궤는 정조의 태실을 새로 고치고 비석을 세우면서 그 과정을 기록한

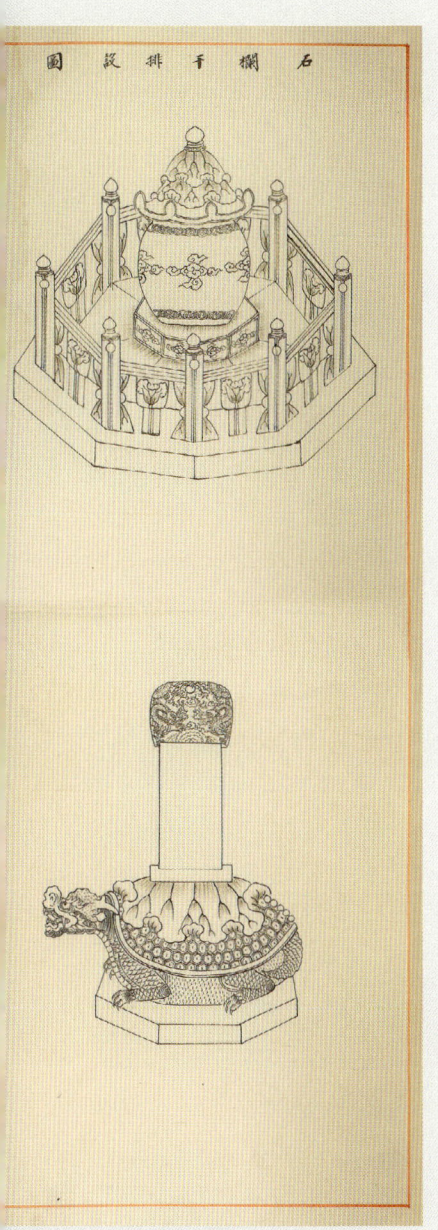

《정종대왕태실가봉의궤》(1801)야.
태실의 주인이 왕이 되면 그 태실을 특별히 새로 꾸미곤 했는데 검소한 정조는 왕이 된 뒤에도 자신의 태실을 새로 꾸미지 못하게 했어. 정조가 죽은 뒤에야 아들인 순조가 아버지의 태실을 화려하게 꾸미라 했지. 주변에 난간을 두르고 각종 석물을 세웠어.
나중에 태실을 새로 꾸미거나 고칠 때에도 의궤가 큰 도움이 되었어. 의궤에 나온 설명과 그림을 보고 그대로 따라 하면 되니까 편리했을 거야.
봐! 실제 정조의 태실 사진(15쪽)과 비교해 봐도 정말 똑같이 생겼지?

《정종대왕태실가봉의궤》의 태실과 태실비 도설

왕의 활쏘기

대사례는 임금님이 여는 활쏘기 행사를 말해.
활쏘기는 정신을 집중하고 팔의 힘을 기르기에 알맞아서 많은 임금님이 즐겨 했어.
하지만 대사례를 의궤로 만든 것은 영조 임금님뿐이야.
영조 임금님은 1743년 성균관에서 신하들과 활쏘기 대회를 하고
이에 대한 기록을 의궤로 만들라 명했어. 그만큼 중요한 행사라는 뜻이겠지?
대사례에 어떤 특별한 의미가 숨어 있는지,
활쏘기 대회가 열리는 경기장으로 함께 가서 알아보자.

대사례의궤

癸亥年
乾隆八年
大射禮儀軌
議政府上

토토 　여기는 활쏘기 대회가 열리는 경기장. 금붕어 해설위원, 오늘 경기를 어떻게 보십니까?

금붕어 　에, 아무래도 활쏘기의 달인인 영조 임금님이 주최한 경기이니 치열한 접전이 예상됩니다. 조선시대에는 이처럼 임금님이 신하들을 모아 놓고 활쏘기 대회를 여는 것이 왕실의 큰 행사였어요.

토토 　아, 그렇군요. 본격적인 대회에 앞서 영조 임금님의 시범 활쏘기가 있겠습니다. 네 발 중 세 발 명중! 역시 활솜씨가 뛰어난 영조 임금님입니다.

금붕어 　영조 임금님을 닮은 사도세자와 정조 임금님도 활을 아주 잘 쐈다고 합니다. 활쏘기를 마친 영조 임금님은 저기 저 빨간 지붕 밑에서 쉬고 계십니다.

토토 　어디요? 제 눈에는 안 보이는데요?

금붕어 　어좌(임금님의 의자)와 일월오봉도가 보이지 않습니까? 임금님 모습을 함부로 그리면 큰일 나지요. 대신 임금님을 상징하는 물건을 두고 여기에 임금님이 계시다는 것을 슬쩍 알려 주는 겁니다.

일월오봉도(日月五峰圖)

해(日)와 달(月), 그리고 다섯 산의 봉우리(五峰)가 있는 그림. 해는 왕을, 달은 왕비를, 봉우리는 왕이 다스리는 나라를 상징한다. 따라서 일월오봉도가 있으면 곧 왕이 있다는 표시이다.

나는 일월오봉도가 그려진 병풍.

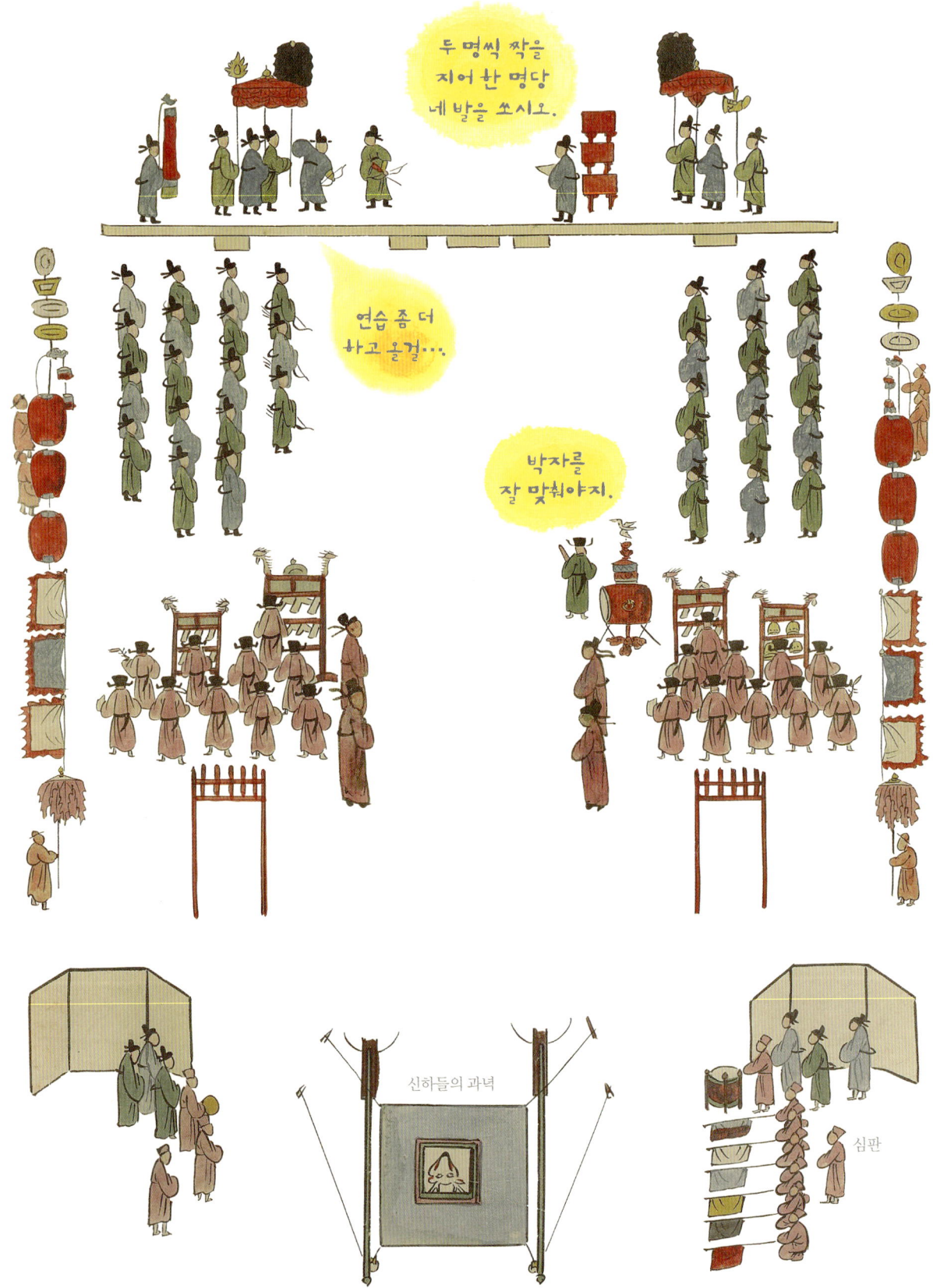

토토 이제 신하들이 활을 쏠 차례입니다. 음악 소리가 들리고 있어요. 박자에 맞춰 쿵쿵 따다. 대회에 참가하는 사람들 모두 신이 났습니다.

금붕어 화살이 과녁을 맞히면 북이, 맞히지 못하면 징이 울리지요. 커다란 북, 종을 치는 편종, 돌을 쳐서 소리를 내는 편경도 있습니다. 박자를 맞추기 위해 타악기를 이용했어요. 신하들은 관직 순서에 따라 두 명씩 짝을 지어 한 명당 네 발씩 화살을 쏘게 됩니다.

토토 임금님이 보고 계시니 조금 긴장되겠죠? 선수들, 떨지 말고 쏘세요!

토토 과녁 옆에 서 있는 저 사람들은 누구입니까?

금붕어 그들은 화살이 과녁에 맞았나, 안 맞았나를 확인하고 알리는 사람들입니다. 한마디로 심판이지요. 심판은 여러 색 깃발을 들고 있다가 과녁의 가운데를 맞히면 빨강, 윗부분을 맞히면 노랑, 아래쪽을 맞히면 검정, 왼쪽을 맞히면 파랑, 오른쪽을 맞히면 하얀 깃발을 올립니다. 맞히지 못하면 알록달록한 깃발을 올리고요.

토토 아, 그렇군요. 깃발의 색만 보면 성적을 알 수 있겠어요. 그런데 화살이 잘못 날아가서 심판들이 맞기라도 할까 봐 걱정입니다.

금붕어 걱정하지 마십시오. 그래서 앞에 가죽으로 만든 가림막을 세워 놓았지요.

과녁

대사례에 쓰인 과녁은 활을 쏘는 곳에서 남쪽으로 90발자국 떨어진 곳에 세웠다. 왕의 과녁은 붉은 천 위에 곰의 머리를, 신하들의 과녁에는 푸른 천에 사슴의 머리를 그려 과녁 하나에도 엄격한 차별을 두었다. 크기는 모두 사방 5m 정도 되었다고 한다.

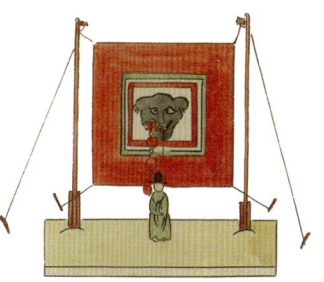

왕의 과녁

토토 드디어 시상식입니다! 오늘의 시상 내역은 어떻게 되는지요?

금붕어 활쏘기를 잘한 사람에게는 상으로 오른쪽 탁자에 있는 옷감과 활을 주고, 못한 사람에게는 벌로 왼쪽 탁자에 있는 술을 준다고 합니다.

토토 아니, 그럼 술을 좋아하는 사람에게는 벌이 더 좋은 상이 되겠군요!

금붕어 그렇습니다. 모두 함께 즐기는 축제였기 때문에 못했다고 심한 벌을 내리지는 않았어요.

벌 받는 사람

의궤 속으로 풍덩! 대사례의궤

누가 누가 잘 쏘았나

대사례는 임금님과 신하들이 한자리에 모여 활을 쏘고 성적에 따라 상과 벌을 주는 행사야. 한마디로 활쏘기 대회라고 할 수 있지.

조선시대에는 여러 번의 대사례가 있었어. 1477년(성종 8)에 처음 대사례가 있었고, 1502년(연산군 8), 1534년(중종 29), 1743년(영조 19), 1764년(영조 40)에도 각각 대사례를 거행했어. 그 가운데 영조만이 대사례를 의궤로 만들 것을 명했어. 그래서 현재 남아 있는 대사례의궤는 1743년 대사례를 기록한 이 책 하나뿐이야.

왜 대사례를 의궤로 만들었을까? 대사례는 단순히 활만 쏘는 경기가 아니었기 때문이야. 우선 대사례는 신하들이 모처럼 모여 협동심을 기를 수 있는 자리였어. 또한 활을 잡을 때처럼 마음을 가다듬어 일에 임하라는 뜻이 숨어 있기도 했지. 더 중요한 것은 대사례가 왕을 중심으로 하는 나라의 질서를 보여주고 왕의 힘이 세다는 것을 강조하기에 좋은 행사였다는 사실이야. 그러니 왕의 힘을 강하게 하는 데 힘썼던 영조가 이 행사를 중요하게 여긴 건 당연하지 않겠어? 그래서 대사례를 특별히 기록하라고 한 거야.

《대사례의궤》에는 임금님이 활을 쏘는 장면, 신하들이 쏘는 장면, 상과 벌을 주는

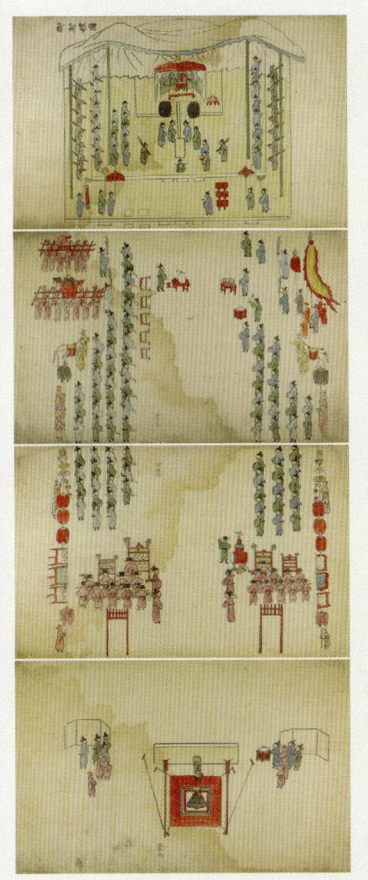 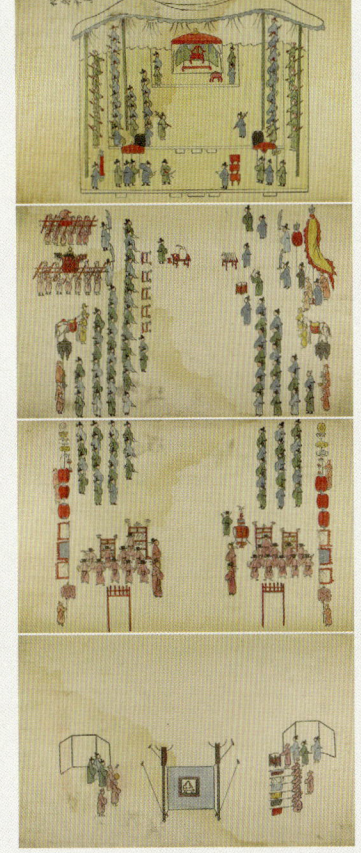 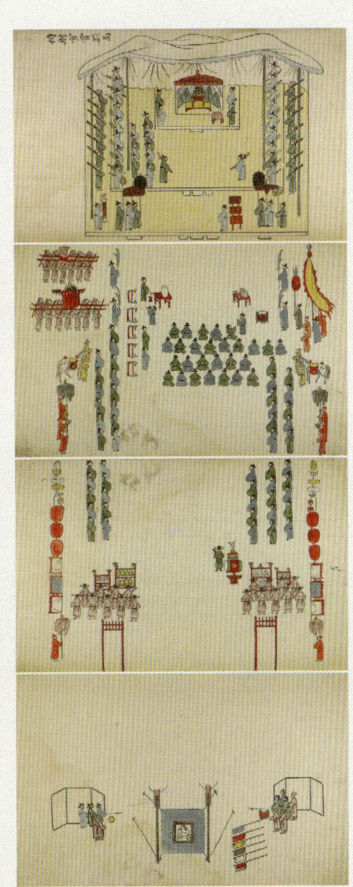

어사례도(임금님의 활쏘기)　　　시사례도(신하들의 활쏘기)　　　시사관상별도(시상식)

장면을 그린 그림이 순서대로 자세히 실려 있어. 마치 경기를 직접 보는 듯 생생하단다. 세 장면이 조금씩 달라서 살펴보는 재미가 쏠쏠해.

신하들의 성적표를 실어 놓은 것도 재미있어. 누가 몇 발을 맞췄는지, 왼손으로 쐈는지 오른손으로 쐈는지까지 적어 놓았다는 사실! 내 성적표가 대대로 후손에게까지 알려진다니, 못 쏜 사람은 좀 창피했겠다.

왕의 결혼

임금님의 결혼식은 얼마나 성대하고 멋졌을까?
임금님의 결혼식이 궁금하다면 가례도감의궤를 보자!
《영조정순왕후가례도감의궤》에는 1759년에 있었던 영조 임금님과 정순왕후의
결혼식(가례)에 대한 모든 것이 생생하게 기록돼 있어.
이때 66세였던 영조 임금님은 15세의 어린 신부와 결혼을 했어.
영조 임금님의 결혼식장에 가 볼까?
초대장이 없어도 괜찮아. 영조 임금님이 우리 모두를 초대하셨으니까!

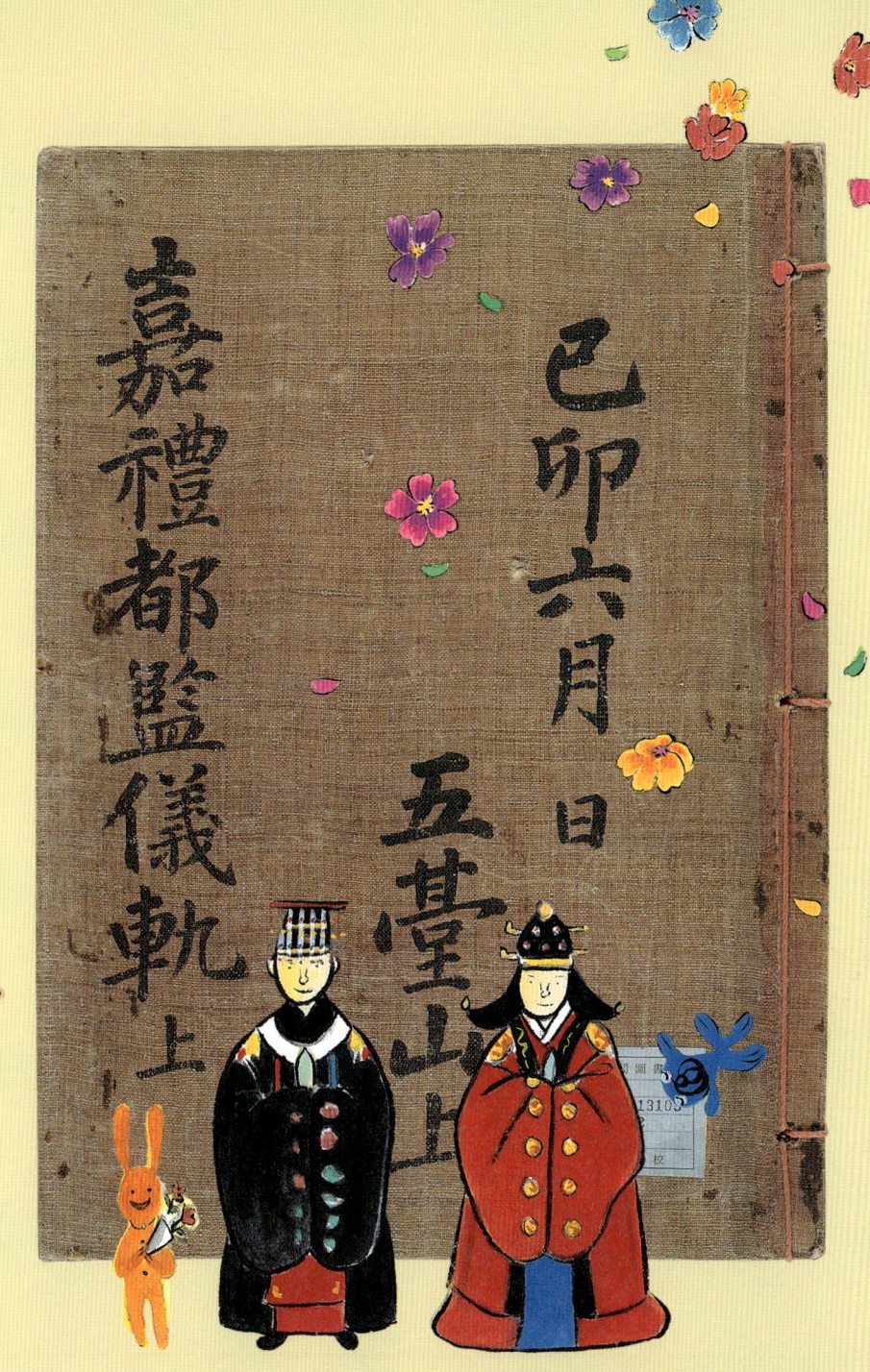

영조정순왕후가례도감의궤

토토 우와, 예쁘다. 헤헤

금붕어 정신 차려! 영조 임금님이 신부감을 고르고 계신다고. 세 명의 아가씨 중 한 분이 왕비가 될 거야. 왕비님은 모든 백성의 어머니이자, 나라의 대를 이을 왕자를 낳고 기르실 분이지. 그러니 지혜롭고 현명한 왕비를 고르려면 꼼꼼히 살펴봐야 하지 않겠어?

왕비를 구합니다

조선시대에 왕비를 뽑기 위한 첫 단계는 전국에 처녀들의 결혼을 금하는 금혼령을 내리는 일이었다. 금혼령이 내리면 사대부 집안에서는 처녀의 사주와 함께 집안의 이력을 기록한 처녀단자를 나라에 올렸다. 25~30명의 처녀단자 가운데 왕실에서 집안과 사주가 좋은 처녀들을 고른 다음, 첫 번째에 6~10명, 그 다음에 3명, 끝으로 1명을 뽑아 왕비로 결정했다. 공정하게 왕비를 뽑기 위해 세 번의 간택 과정을 치른 것이다.

세상에서 가장 깊은 것이 무엇이냐?

산이옵니다.

물이옵니다.

사람의 마음이옵니다. 사람의 마음은 결코 그 깊이를 잴 수 없기 때문이옵니다.

토토   마지막 아가씨가 마음에 드셨나 봐.

금붕어   그 분이 바로 영조 임금님의 두 번째 정식 왕비인 정순왕후 마마야. 정순왕후는 속이 깊고 지혜로운 면모를 보여 영조 임금님의 마음에 쏙 들었대. 그렇지만 실제 정순왕후는 자애로운 왕비님의 모습과는 거리가 있었어. 권력을 차지하기 위해 어떠한 대가도 치를 준비가 된 야심 찬 인물이었으니까.

토토   응? 그건 또 무슨 말이야? 정순왕후가 무슨 일을 하는데?

금붕어   우선 그 정도만 알아두라고. 한꺼번에 너무 많은 걸 알려줄 순 없지. 자, 이제 예비 왕비님은 결혼식이 있기 전까지 별궁에 머무르시게 될 거야.

왕비 수업

별궁은 임금님이 계신 궁과 별도로 있는 작은 궁이다. 예비 왕비는 살던 집을 떠나 궁에 들어갈 때까지 별궁에 머무르며 왕비가 되기 위한 수업을 받았다. 15세라는 어린 나이에 부모님의 곁을 떠나야 했던 예비 왕비는 왕비가 된 기쁨을 느낄 사이도 없었을 것이다.

마마, 뛰어다니시면 아니 되옵니다. 마마, 체통을 지키셔야 합니다.

토토   저 무서운 아줌마는 누구야?

금붕어   상궁이야. 예비 왕비님의 선생님이지.

토토   왕비님으로 뽑히면 공부는 안 해도 되는 줄 알았는데, 아니잖아.

금붕어   당연하지. 예비 왕비는 궁에 들어갈 때까지 왕비 수업을 받아야 했어. 기본 교양 이외에 왕비다운 품위를 갖기 위해 걸음걸이부터 몸가짐, 인사드리는 법 등등 배워야 할 게 많았다고. 상궁은 또 얼마나 엄격한지 조금만 실수해도 불호령을 내렸어.

궁궐 사람들

궁에는 왕과 왕비, 왕자만 있는 게 아니었다. 출퇴근하는 신하들 말고도 궁궐을 지키는 군인과 청소하는 사람, 음식과 옷을 만드는 사람, 병을 고치는 어의와 의녀, 시중을 드는 내시와 상궁, 궁녀 등 수많은 사람이 궁궐에 살면서 일했다.
서너 살에 궁에 들어와 평생을 그곳에서 살았던 궁녀들 가운데에는 높은 자리에까지 올라 상궁이 되는 사람도 있었다. 상궁은 어린 나이의 예비 왕비에게 궁중 예절을 가르치는 일을 맡기도 했다.

궁녀   상궁   내시   군인

금붕어 드디어 결혼식 날이야. 영조 임금님은 창경궁을 나와 이현고개를 지나 별궁인 어의궁에 가서 정순왕후를 궁궐로 모셔 왔어. 행렬이 지난 길은 당시 서울에서 가장 번화한 거리였지. 임금님의 결혼 행렬은 오색의 깃발이 나부끼고 흥겨운 나팔소리가 울려 퍼지는 화려한 행사였어. 아마 백성들에게는 평생 한 번 볼까 말까 한 진귀한 구경거리였을 거야.

토토 이 많은 사람이 모두 함께 간 거야? 사람들이 너무 많아서 누가 누군지 하나도 모르겠어.

금붕어 그럼 우리 행렬을 따라가면서 살펴보자.

금붕어	임금님 가마다!
토토	어디, 어디? 임금님의 모습이 안 보이는데?
금붕어	신성한 임금님의 모습을 함부로 그릴 수는 없지 않겠어? 그래서 조선시대 그림에서는 왕의 모습이 보이지 않아.
토토	맞다! 아까 활쏘기 대회에서도 그랬지. 앙, 여태 기다렸는데 아쉽다.
금붕어	그렇지만 주변에 호위하는 군사들이 가득한 걸 보니 저 가운데에 임금님이 계신 게 틀림없어.

《영조정순왕후가례도감의궤》
반차도(부분)

영조가 정순왕후를 창경궁으로 데려오는 행렬을 그린 그림이다. 앞부분에는 왕의 행차를, 뒷부분에는 왕비의 행차를 그렸다. 이 그림에는 총 1188명의 사람이 그려져 있다.

금봉어

임금님의 가마 뒤로는 궁에서 일하는 사람들이 지나갔어. 그 가운데 내시는 왕의 비서야. 흔히 내시를 천한 직업이라 생각하지만 내시에게도 등급이 있어서 등급이 높은 내시는 당당히 말을 타고 갔어. 왕의 주치의인 어의는 임금님이 갑자기 편찮으시다거나 하는 상황에 대비해 따라갔어. 또 이 행사를 길이 남기겠다는 뜻에서 역사를 기록하는 사관도 따라갔지.

부련
왕이 타고 있는 가마보다 먼저 등장하는 빈 가마. 사고에 대비하여 만들었다.

토토	뭐 이렇게 하지 말라는 게 많아?
금붕어	영조는 검소한 임금님이었거든. 사치스런 결혼식을 막기 위해 미리 명령을 내렸어.
토토	결혼식에 필요한 물품을 다시 쓰고 고쳐 쓰라고? 이것이 바로 재활용?
금붕어	그렇지! 조선시대에도 재활용이 있었다니 놀랍지. 영조 임금님은 나랏돈이 함부로 쓰이는 걸 막기 위해 모범을 보이신 거야.

왕실 결혼식의 절차, 6례(禮)
왕비감이 결정되면 가례를 주관하는 가례도감을 설치하고 여섯 가지 절차인 육례에 따라 결혼식 준비를 했다.
1. 청혼서 보내기(약혼식)
2. 혼인이 이루어졌다는 징표로 왕비에게 예물 보내기
3. 결혼식 날짜 잡기
4. 왕비 임명식
5. 왕이 별궁에 있는 왕비를 직접 궁으로 데려오는 의식
6. 결혼식이 끝나고 하는 궁중잔치

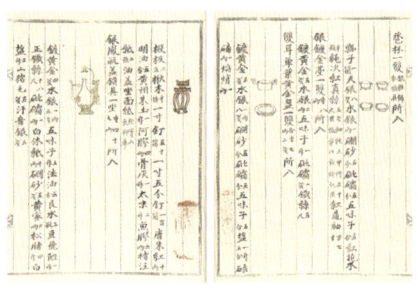

왕실 결혼식에 사용된 탁자와 술병, 술잔들

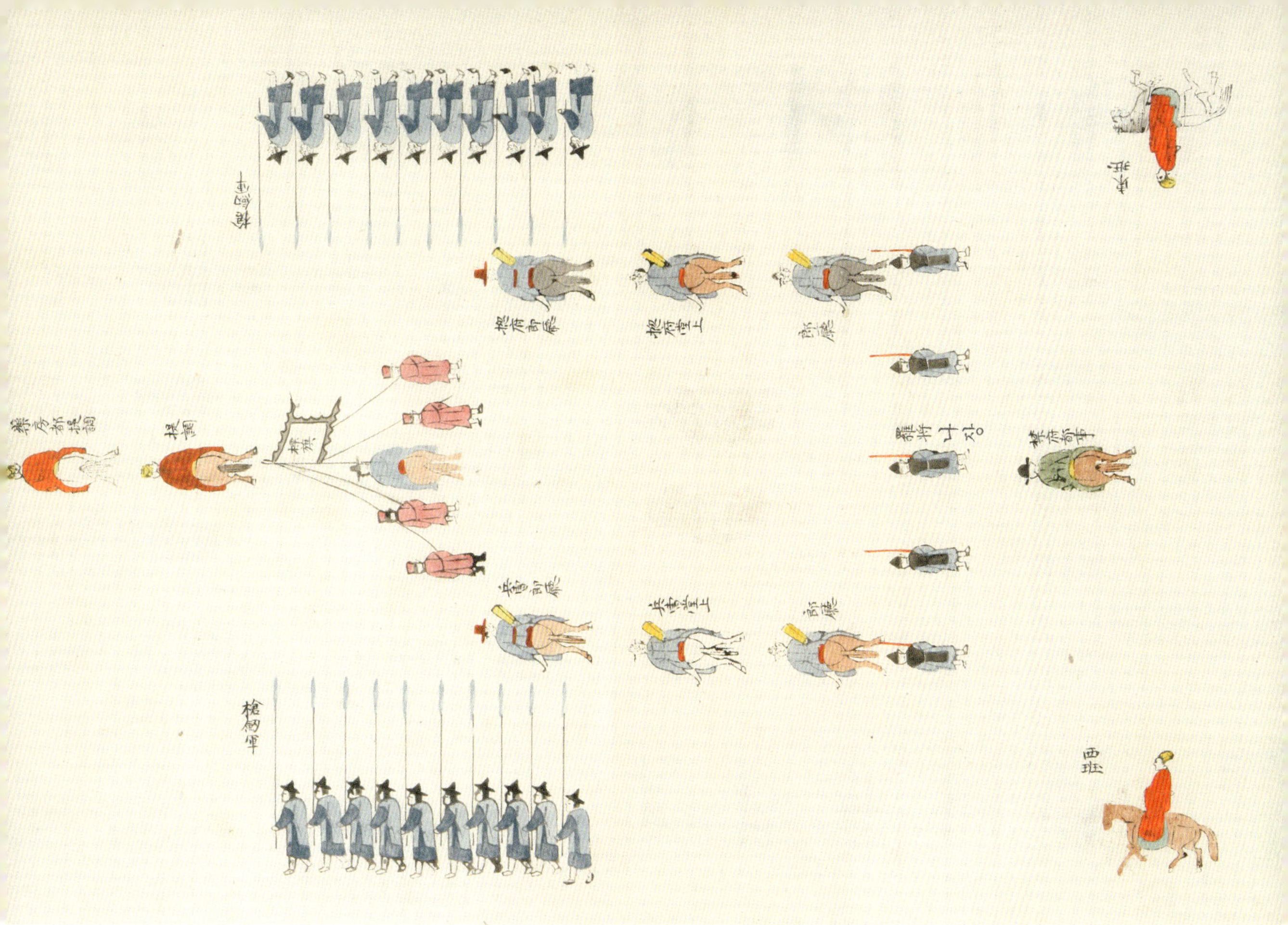

금붕어 붉은 몽둥이를 든 나장은 행렬의 질서를 유지하고 잡상인의 접근을 막는 사람이야. 큰 행사니까 그만큼 구경꾼도 많고 괜히 방해하는 사람도 있었을 거야.

토토 허걱! 무서워. 행렬에 뛰어들었다가는 저 몽둥이로 흠씬 맞겠는걸.

행사에 필요한 물건들을 든 사람들도 행렬을 뒤따라 갔다. 교의는 의자, 각답은 받침, 관자는 주전자, 우자는 그릇을 뜻한다.

금붕어　경호대장 별감나리의 인도를 받으며 왕비님의 가마가 등장하고 있어.
토토　이 안에 왕비님이 계신 거야?
금붕어　응. 왕비의 가마는 왕의 가마와 달리 사방이 막혀 있었어. 조선시대 여자들은 얼굴을 잘 보이지 않았어. 더구나 왕비의 얼굴이니 쉽게 볼 수 없게 했겠지. 가마 옆에 말을 타고 가는 상궁과 시녀도 너울로 얼굴을 가렸어.
토토　가마 앞에 저 어린이들은 누구지?
금붕어　궁중의 나이 어린 내시, 귀유치야.
토토　나랑 친구하자 할까? 안녕? 난 토토야.

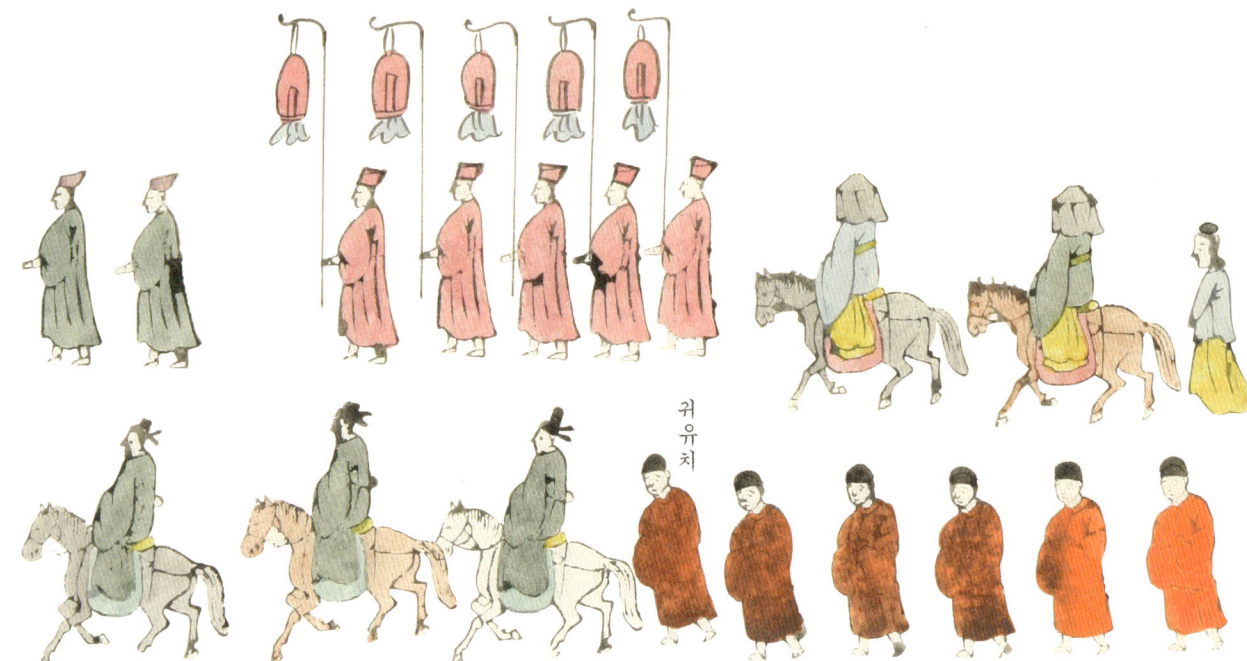

金寶彩輿
금보채여

왕비의 가마가 등장하기 전에 왕비를 상징하는 물건을 실은 가마들이
먼저 차례대로 선을 보인다.
교명요여 : 왕비 임명서를 실은 가마
옥책요여 : 왕비를 책봉한 사실을 기록하고 왕비의 공덕을 기린 옥책을 실은 가마
금보채여 : 왕비의 도장을 실은 가마
명복채여 : 왕비의 옷을 실은 가마

왕비의 가마

모두 물렀거라.
왕비님께서 납신다.

별감

상궁

우리는 왕비님을
가까이에서 모시는
일을 하지.

시녀

의궤 속으로 풍덩! 가례도감의궤

그 옛날 임금님의 결혼식이 궁금해

가례(嘉禮)라는 말은 원래 왕실의 경사와 관련된 모든 예식을 뜻해. 하지만 실제로는 왕실의 결혼식, 그 중에서도 왕과 왕세자의 결혼식을 가례라고 했어. 가례가 있으면 왕실에서는 결혼식을 진행할 '가례도감(嘉禮都監)'이라는 기관을 만들고 그곳에서 결혼식 전 과정을 꼼꼼하게 기록한 의궤를 만들었어. 가례도감의궤 덕분에 왕실의 결혼식에 대해 세세히 알 수 있단다.

지금 남아 있는 가례도감의궤는 1627년 인조의 아들 소현세자의 결혼식부터 1906년 조선의 마지막 왕인 순종의 결혼식을 기록한 것까지 20여 개야. 이 의궤들을 살펴보면 시대에 따라 달라지는 왕실 결혼식의 변화를 읽을 수 있어. 1759년 영조와 정순왕후의 결혼식을 기록한 《영조정순왕후가례도감의궤》는 가례도감의궤 가운데 처음으로 2책으로 만들어졌어. 영조 때 혼인 의식이 재정비되면서 그에 따라 의궤의 내용도 한층 상세해지고 분량도 늘어났기 때문이야. 결혼 행렬을 그림으로 그린 반차도만 50쪽이나 될 정도였어.

가례도감의궤는 결혼식을 기록한 책답게 전체에 축제 분위기가 가득해. 특히 왕이 왕비를 데려오는 장면을 그린 반차도에서는 그날의 떠들썩한 분위기를 생생하게 느낄 수 있지.

 실제 영조가 정순왕후를 데려온 날은 1759년 6월 22일이었는데 반차도는 6월

14일에 완성되었대. 왜 이렇게 미리 만들었냐면 예행연습을 해야 했으니까!
영조와 신하들은 완성된 반차도를 미리 보며 행사를 연습할 수 있었어.
반차도에는 주인공인 왕과 왕비의 가마 외에도 이들을 호위하는 군대, 행사에
참여한 고위 관료, 궁중의 상궁, 내시, 악대 등 다양한 인물들이 자신이 맡은
임무와 역할에 따라 정해진 자리에서 행진하는 모습이 그려져 있어. 이들의
신분만큼이나 행진하는 모습도 다양해. 말을 타고 가는 사람도 있고 걸어가는
사람이 있는가 하면 너울을 쓴 사람도 있고 악기를 든 사람도 있어. 입고 있는
옷은 물론 자세도 각각 다르단다.
반차도를 그린 화원은 앞쪽, 뒤쪽, 오른쪽, 왼쪽 등 여러 방향에서 이들을 그렸어.
덕분에 긴 행렬 그림이지만 입체감이 살아 있어서 지루하지 않아. 이렇게 다양한
각도에서 사람들을 그린 것은 아마도 각 임무를 맡은 사람들을 더 잘 구분하고
쉽게 알아볼 수 있도록 하기 위해서였을 거야. 그래야 예행 연습할 때 편리하기도
하고 실제 행사에서 실수도 최대한 줄일 수 있었을 테니까.

왕의 제사

정성스레 음식을 차리고 절도 하고….
명절에 친척들이 모여 제사지내는 것을 본 적 있지?
제사는 조상을 기리는 의식이야. 조선시대에는 조상님이 신과 같았어.
임금님의 조상인 역대 왕들은 신 중의 신, 최고신이었지.
최고신을 모시는 왕실의 제사는 임금님이 직접 참여한 가운데 성대하게 치렀어.
종묘의궤는 종묘에서 역대 왕들에게 지냈던 제사에 관한 기록이야.
조선시대 최고의 신을 모신 종묘로 가 보자.

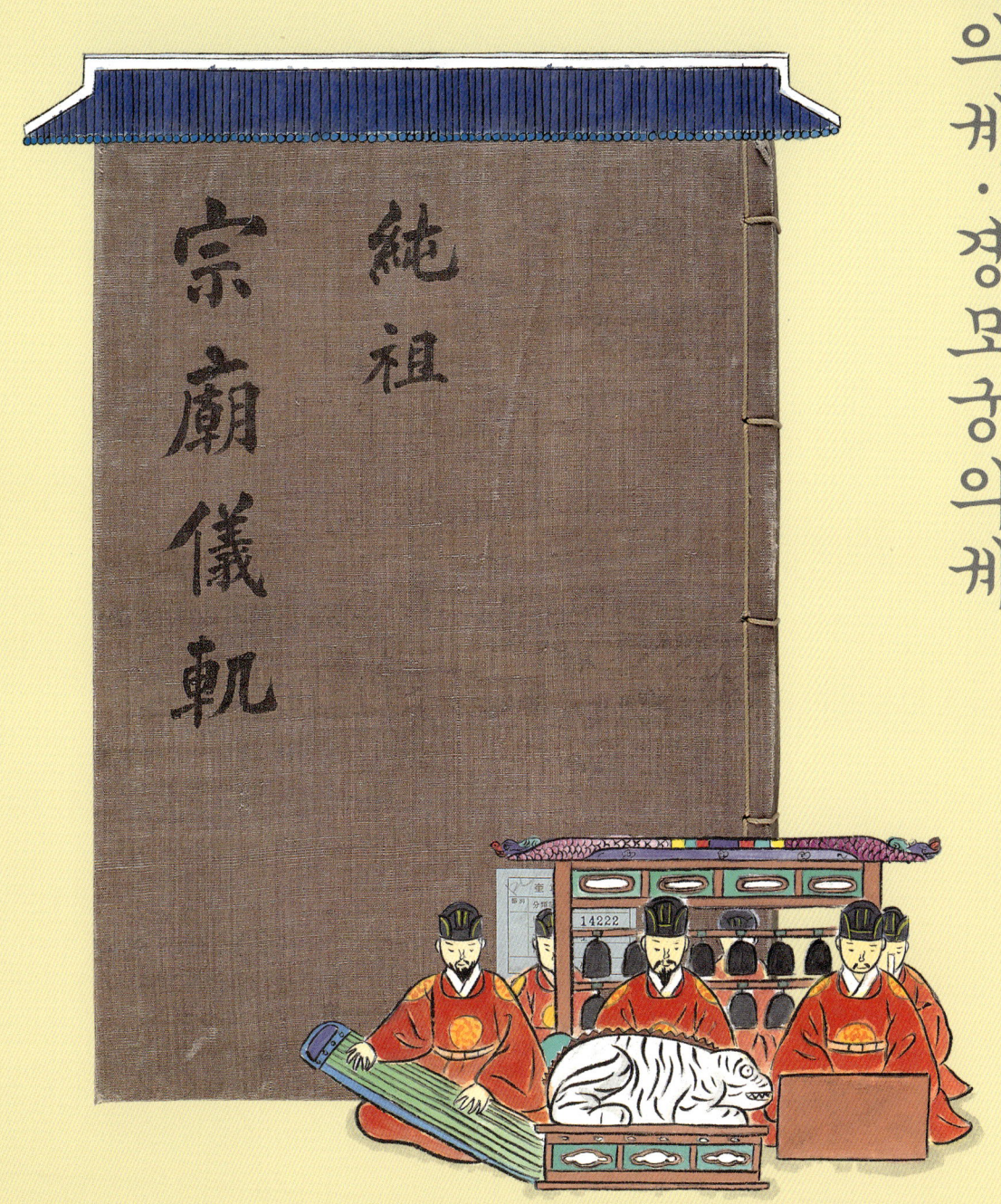

종묘의궤 · 경모궁의궤

토토 이 깜깜한 밤에 무슨 일이지? 햇곡식으로 만든 음식이 한 상 가득이야. 춤추는 사람에 악기를 연주하는 사람까지 모두 모두 모인 걸 보니 무슨 잔치라도 벌였나 봐.

종묘를 지키는 병사 쉿! 오늘은 왕실의 큰 제사가 있는 날이야.

토토 이렇게 깜깜한 밤에요?

병사 당연하지. 돌아가신 조상님의 혼령이 쉽게 오시려면 한밤중이어야 해.

토토 혼령? 그럼 귀신? 으악! 얼른 도망가자!

병사 어허, 조상님의 혼령은 나쁜 귀신이 아니야. 걱정하지 않아도 된다고.

조선시대의 제사 문화

조선시대에는 나를 낳고 길러 준 부모님께 보답하는 효(孝)가 중요한 가치였다. 사람이라면 누구나 부모님이 살아 계실 때 효도를 다하고 돌아가신 뒤에도 제사를 지내 감사하는 마음을 전했다. 제사는 술과 음식을 차려 놓고 돌아가신 부모님과 조상님을 기리는 의식이다. 특히 왕실에서는 역대 왕과 왕비의 신주를 모신 종묘에서 크게 제사를 지냈다.

금붕어 여기는 종묘야. 조선왕실의 역대 왕과 왕비에게 제사를 지내는 곳이지.

토토 그렇구나. 괜히 무서워했네. 그런데 이렇게 제사 지내는 곳을 따로 만들어야 해? 그냥 궁궐 한쪽에서 지내면 되잖아.

금붕어 쯔쯔. 잘 생각해 봐. 조선시대에 왕은 아무나 되는 것이 아니었어. 하늘의 명령에 의해 정해지는 존재였다고. 하늘의 명령이라니 정말 대단하잖아. 그렇게 특별한 왕의 혼령이 머물고 있는 신성한 곳을 대충 만들면 되겠어?

토토 안 되지!

왕의 혼령을 모신 종묘

옛날 사람들은 죽은 사람의 몸을 떠난 혼령이 머물 곳이 있어야 한다고 생각했다. 그래서 작은 나무 조각으로 신주(神主)를 만들어서 조상님의 혼이 편히 머물 수 있게 했다. 종묘는 왕과 왕비의 신주를 모시고 제사를 지내는, 나라의 으뜸이 되는 사당이다. 종묘의 신주에 깃든 왕이나 왕비의 혼령은 나라와 백성의 안녕과 행복을 지켜주는 최고의 신으로 숭배되었다.

금붕어 　영조 임금님이 종묘에 도착하셨어. 세손인 정조 임금님과
　　　　　다른 왕실 가족, 신하들까지 모두 거느리시고 말이야.
　　　　　이제 조선의 첫 임금인 태조부터 차례로 제례를 올릴 거야.
토토 　　이 연기는 뭐지? 땅에 붓고 있는 저건 또 뭐고?
금붕어 　저건 하늘에 있는 조상님의 혼을 불러오려고 피운 향이야.
　　　　　땅에 붓고 있는 건 술인데, 땅에 있는 조상님의 혼을 부르는
　　　　　거지. 그런 다음 정성껏 준비한 음식과 술을 올렸어.
　　　　　조상님을 기쁘게 해 드리려고 음악을 연주하고 춤도 췄지.

오늘 밤 드디어
종묘제례로구나.
그 동안 제례 준비에
온 마음을 쏟아왔다.

전하의 정성을
하늘도 알아주실 것입니다.
모든 준비가 끝났으니
어서 종묘로 납시옵소서.

왕의 예복

임금님은 제례를 앞두고 며칠 전부터 몸과 마음을 깨끗이 하고 가장 좋은 예복으로 갈아입었다. 정성을 다해 최고의 예를 갖추기 위해서였다. 면류관과 구장복은 왕의 최고 예복으로 대례복(大禮服)이라 불렸다. 중국의 칙사를 맞이할 때나 제사를 올릴 때, 즉위식, 혼인식 때에도 대례복을 입었다.

왕의 힘과 종묘

조선을 세운 태조 이성계는 서울에 수도를 정하고 가장 먼저 궁궐과 종묘를 지었다. 그만큼 종묘가 중요하다는 뜻! 왕의 조상을 신처럼 모시면 그 후손인 지금의 왕도 저절로 높이는 일이 되었기 때문이다. 종묘는 왕을 신성한 존재로 만들고 왕의 힘을 강하게 만드는 역할을 했다.

토토 조상님을 위한 거라더니 왜 임금님이 드시지?

금붕어 제사에 쓰인 음식을 먹는 음복(飮福)을 하시는 거야. 조상님이 내려 주시는 복을 마신다는 뜻이지. 음복을 마치면 제례는 대강 끝이 나.

토토 으흠, 그러니까 종묘제례는 조상신을 불러와 즐겁게 해 드리고 다시 떠나 보내는 행사구나.

금붕어 그렇지! 제법이네?

종묘제례

종묘제례는 임금님이 직접 참여하는 나라의 가장 큰 제사로 일 년에 다섯 번 치렀다. 특별히 좋은 일과 나쁜 일이 있을 때 그 사실을 알리기 위해서 치르기도 했다. 제례에는 임금님뿐 아니라 왕세자, 신하, 무용수, 악기연주자 등 700여 명이나 되는 많은 사람이 참가했다.
종묘제례는 음악과 무용, 의식이 합쳐진 종합예술이기도 하다. 종묘제례 및 제례 때 연주되는 음악은 2001년 유네스코 세계무형유산에 등록되었다.

편경

의궤 속으로 풍덩! 종묘의궤

복잡한 제례도
의궤만 있으면 거뜬해

종묘가 언제 만들어졌고 어떻게 고쳐졌는지, 제례는 어떤 순서로 진행됐는지,
제례에 사용된 물품은 무엇인지… 종묘나 종묘제례에 대한 것이라면 무엇이든
종묘의궤에게 물어 봐!
의궤의 앞부분에는 주로 그림이 실려 있는데 이 그림을 보면 제사상에 어떤
음식이 어떻게 놓였는지, 그릇은 어떻게 생겼는지, 또 악기는 어떻게 생겼고
연주자는 어떤 옷을 입었는지 한눈에 알 수 있어. 복잡하고 까다로운 종묘제례를
실수 없이 치르려면 의궤가 꼭 필요했을 거야.
종묘제례는 매번 거의 같은 형식으로 지냈기 때문에 제례 때마다 의궤를
만들지는 않았어. 하지만 어떤 변화가 있을 때는 의궤를 새로 만들기도 했는데,
주로 종묘의 건물을 고쳐 지을 때였어. 모셔야 할 왕의 신주가 늘어나면서 종묘의
건물을 여러 번 고쳐야 했거든. 자꾸만 늘이다 보니 나중에는 건물의 모양이
옆으로 길쭉한 일(一)자가 되었어.

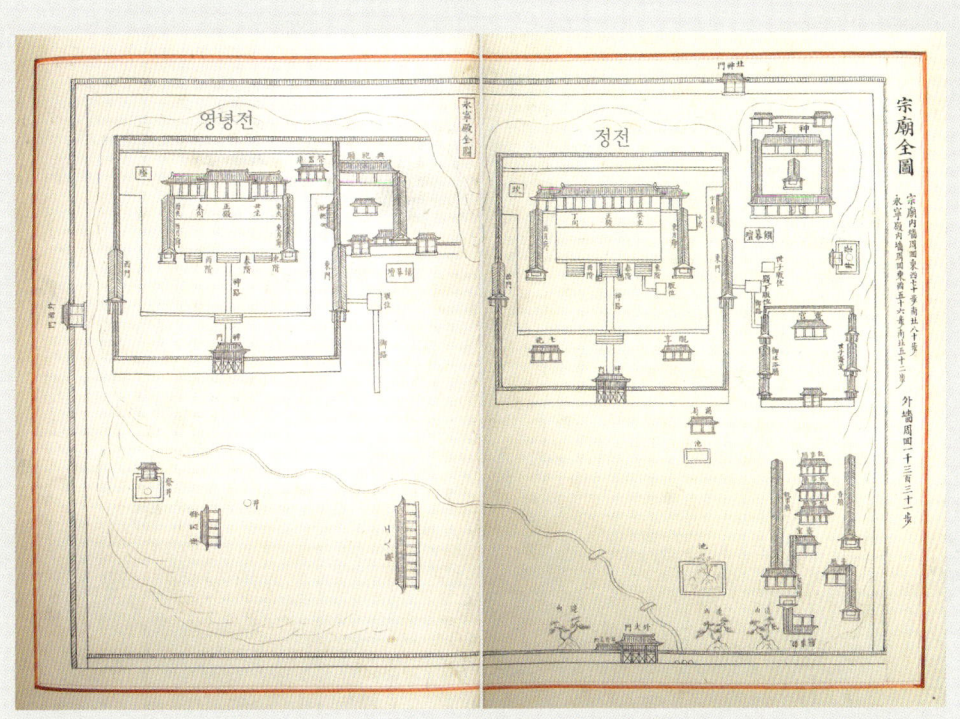

《종묘의궤》에 실린 〈종묘전도〉

서울시 종로구에 위치한 종묘는 본관인 정전(正殿)과 별관인 영녕전(永寧殿)으로 구성되어 있어. 정전에는 현재 국왕으로부터 4대까지의 가까운 조상과 역대 왕 가운데 공적이 있는 왕과 왕비의 신주를 모셨고, 영녕전에는 본묘에서 옮겨 온 신주를 모셨어.

종묘의 건물은 단순한 형태를 하고 있지만 국가 최고의 신전답게 장엄하고 경건한 느낌이 든단다. 1995년 유네스코 세계문화유산에 등록된 종묘를 직접 한번 보러 가는 건 어떨까?

토토   아까부터 궁금했는데 사도세자는 왜 왕이 되지 못했을까?

금붕어   영조 임금님이 세자에게 자신을 대신해 나랏일을 처리하게 했는데, 그 과정에서 세자와 사이가 나빠졌어. 결국 저렇게 화가 나서는 세자를 뒤주에 가둬 죽게 만들었지 뭐야.

토토   헉! 아무리 화가 나도 그렇지, 아들을 죽게 했단 말야?

금붕어   그래, 사실 이 사건은 지금도 풀리지 않은 미스터리야. 다만 사도세자가 자신을 해치고 왕이 되려 한다고 영조가 오해를 한 건 아닐까 하고 추측할 뿐이지. 나중에 영조 임금님은 아들을 죽게 한 일을 후회하고, 슬프다는 뜻의 '사도(思悼)'라는 이름을 죽은 세자에게 내렸어.

토토   그래서 사도세자구나….

토토 아버지가 저렇게 돌아가셨으니 정조 임금님은 얼마나 마음이 아프셨을까?

금붕어 응. 그랬을 거야. 그때 정조 임금님은 겨우 11살이었으니까. 어린 나이에 마음의 상처가 컸겠지. 영조 임금님은 정조 임금님을 죽은 효장세자(사도세자의 형)의 양자로 삼아 세손의 자리를 지키게 했어. 죄인의 아들은 왕이 되지 못할 수도 있었거든.

한중록(閑中錄)

정조의 어머니이며 사도세자의 부인인 혜경궁 홍씨는 사도세자가 뒤주에 갇혀 죽은 사건을 중심으로, 자신의 궁중생활의 경험을 한중록이라는 회고록에 담아냈다. 순 한글로 써진 이 책은 우아한 문체로 등장인물들을 잘 묘사하고 있으며 당시의 정치적인 사건들을 박진감 있게 그려 냈다.

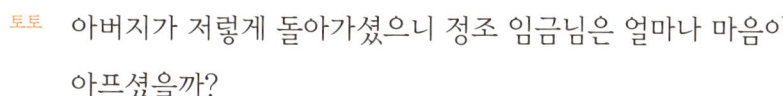

시끄럽다. 세자를 뒤주에 가두고 물도 주지 말라. 세손은 저리 가라.

할바마마, 제발 아버님을 용서해 주세요. 할바마마... 엉엉

나는 할아버님 영조의 뜻을 이어 백성들이 더욱 잘 살게 하겠노라. 또한 돌아가신 아버지 사도세자의 명예를 회복하는 일에 힘쓸 것이다.

<small>금붕어</small> 드디어 정조 임금님이 왕이 되는 순간이야. 정조는 할아버지 영조가 사망하고 5일 만에 즉위식을 치렀는데 무척 많이 울었다고 해. 왕이 된 기쁨보다는 할아버지를 잃은 슬픔이 더 컸던 거지.
<small>토토</small> 그런데 저 아저씬 왜 저렇게 땀을 비 오듯 흘리지?

성은이 망극하옵니다.

끙…

금붕어 사도세자의 죽음에 개입한 사람이거든. 그 아들이
왕이 되었으니 벌이라도 받을까 겁이 나겠지.
사도세자를 죽음으로 내몬 사람들은 놀랍게도 어머니
혜경궁의 숙부, 고모인 화완옹주, 할머니 정순왕후의
오빠 등 권력에 눈이 먼 가까운 친척들이었어. 위협을
느낀 이들은 정조 임금님을 죽이려고까지 했지.

토토 저런!

금붕어 마침내 정조 임금님은 이들을 처벌하기 시작했어.
또 사도세자의 이름을 장헌(莊獻)으로 고치고
'경모궁'이라는 사당을 만들어 따로 제사를 지냈어.
죄인의 아들이라는 꼬리표를 떼고 왕으로서 자리를
잡으려면 아버지의 명예를 회복하는 일이 꼭
필요했기 때문이야.

영조의 업적

영조는 조선의 왕 가운데 가장 오래 왕위에 있었던 만큼 많은 일을 했다. 파벌에 얽매이지 않고 두루 인재를 등용하는 탕평책을 썼고 백성들의 세금 부담을 줄이기 위해 균역법을 실시했다. 또한 홍수로 많은 피해를 주던 청계천을 새로 정비하기도 했다.

> 사도세자의 아들이 결국 왕이 되고 말았구나.

> 이를 어찌할꼬.

 의궤 속으로 풍덩! **사직서의궤·경모궁의궤**

제사와 관련된 또 다른 의궤들

임금님이 참여하는 또 다른 제사에는 사직제(社稷祭)가 있었어. 사직제는 임금님이 나라를 대표해 땅의 신인 '사'와 곡식의 신인 '직'에게 지내는 제사를 말해. 조선시대에는 대부분의 사람들이 농사를 짓고 살았으니 농사가 잘 되는 게 무엇보다 중요했단다. 종묘는 서울에 하나만 있었지만 사직은 서울을 비롯해 지방 여러 군데에 있었어. 서울의 사직에서는 임금님이 제사를 지냈고 지방의 사직은 그곳의 최고 관리가 담당했지. 사직에서 지낸 제사에 관한 기록인 《사직서의궤》는 정조 때 처음 만들어졌어.

사직   경복궁   종묘   《여지도》의 〈도성도(서울지도)〉 가운데 일부 경복궁에서 보면 왼쪽에 종묘가, 오른쪽에 사직이 있어. 그래서 '좌묘우사'라고도 불렀단다. 처음 경복궁을 지을 때 종묘와 사직의 위치까지 생각하고 지었음을 알 수 있지. 종묘나 사직은 임금님이 참여하는 나라의 가장 큰 제사였고 나라와 왕실을 대표하는 의식으로 자리잡았어. 그래서 '종묘사직'이라 하면 곧 나라와 왕실을 뜻하기도 한단다.

왕이 되지 못한 사도세자를 종묘에 모실 수는 없었어. 때문에 사도세자를 위한 사당을 따로 지어야 했지. 사도세자의 사당은 원래 1764년에 양주 배봉산에 '수은묘'란 이름으로 만들어졌어. 1776년 정조는 왕이 되자마자 수은묘를 '영우원'으로 높이고 창경궁 밖, 지금의 대학로 옆 서울대병원 자리에 사당을 새로 지어 경모궁(景慕宮)이라 이름 지었어. '경모'는 크게 사모한다는 뜻이야. 경모궁 제례는 종묘제례와 달리 새로 생긴 행사라 제사의 형식도, 제례에 쓸 악기도 새로 만들어야 했어. 경모궁 제사에 쓸 악기를 만든 기록이 《경모궁악기조성청의궤》(1777)에, 사도세자에게 지낸 제사에 관한 기록이 《경모궁의궤》(1784)에 실려 있어.

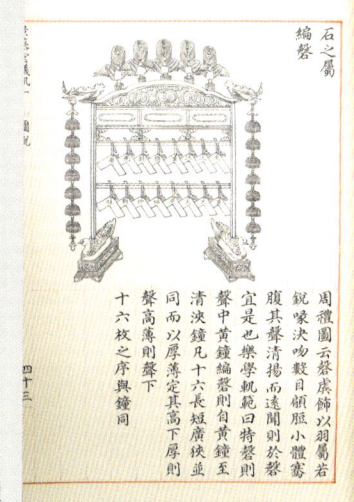

《경모궁의궤》의 악기(편경) 도설

왕의 건축

정조 임금님이 가장 사랑한 도시가 어딜까? 궁궐이 있는 한양?
아니야. 바로 화성이야. 지금의 경기도 수원시에 해당하는 곳이지.
정조 임금님은 이곳에 아버지 사도세자의 무덤을 옮기고
농업과 상업이 함께 발달한 신도시를 만들고자 했어.
그리고 도시를 둘러싸는 튼튼한 성곽을 쌓았는데 이 성곽은 전에 한 번도
보지 못했던 아주 새로운 것이었어.
지금부터 정조 임금님의 꿈이 담긴 화성에 대해 알아보자.

화성성역의궤

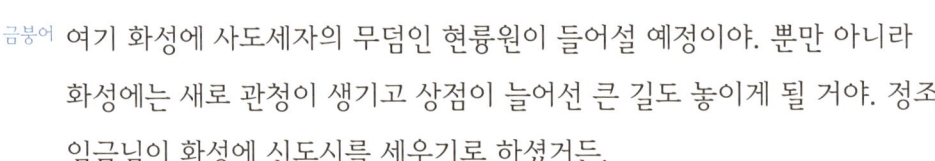

금붕어   여기 화성에 사도세자의 무덤인 현륭원이 들어설 예정이야. 뿐만 아니라 화성에는 새로 관청이 생기고 상점이 늘어선 큰 길도 놓이게 될 거야. 정조 임금님이 화성에 신도시를 세우기로 하셨거든.

토토   정조 임금님은 왜 하필 화성을 택했을까?

금붕어   화성이 서울과 충청·전라·경상도를 잇는 교통의 요지이자, 서울의 남쪽을 지키는 국방상의 요새였기 때문이지. 정조 임금님은 화성에 자신의 직속부대인 장용영 군인들을 두어 훈련을 시키기도 했어.

토토   직속부대가 뭐야?

금붕어 임금님이 직접 지휘하고 명령을 내리는 군대를 말해. 직속부대가 있으면 위험한 상황에서도 든든할 거야. 정조 임금님은 신하들의 싸움에 아버지를 잃은 경험이 있어서 한 나라를 다스리려면 무엇보다 왕의 힘이 강해야 한다고 생각했어. 또 자신이 왕위에서 물러나면 어머니 혜경궁과 함께 화성에서 머물 생각도 가지고 있었다고 해. 이래저래 화성은 정조의 원대한 꿈이 담긴 낙원 같은 곳이었지.

화성은 국방상 중요한 곳이며 들판 한가운데 있어 성곽을 쌓을 필요가 있다. 정약용은 화성에 쌓을 새로운 성곽에 대해 연구하도록 하여라.

금붕어 이 분은 정조를 도와 화성 성곽을 설계한 대표적인 실학자 정약용이야.

토토 실학?

금붕어 실학은 중국을 통해 선진 문화를 접한 학자들에 의해 발달한 실용적인 학문이야. 실학이 널리 활용되면서 화성을 만드는 데에 당시의 첨단기술이나 도구가 쓰일 수 있었지.

정약용(1762-1836)

조선 후기의 새로운 학문인 실학을 집대성한 학자다.
정조의 신임을 얻어 많은 일을 했다.
경제와 법·정치 제도의 개혁을 주장한 책들을 남겼고, 과학에 대한 관심도 커서 배다리를 설계하고 화성 성곽을 만드는 일을 도왔다.

이전과 다른 성을 쌓으려면 자체적인 방어 시설을 갖춰야 해. 공사를 효율적으로 하려면 새로운 기계와 재료를 사용해야겠어.

벽돌과 거중기

화성의 주요 건축물은 벽돌로 만들어졌다. 벽돌은 일정한 크기로 찍어냈기 때문에 튼튼하면서도 옮기기가 쉬웠다. 거중기는 정약용이 서양에서 중국으로 전해진 과학책을 참고해 만든 최신식 기계였다. 무거운 물건을 적은 힘으로 들어 올리도록 만들어진 거중기 덕분에 사람이 돌을 나르다가 실수로 다치는 일이 줄고 공사기간도 단축할 수 있었다.

거중기

화성 공사에 사용된 여러 가지 도구들

짐통

지게

두레박

삼태기

짐틀

금붕어 지금 우리에게는 당연한 얘기지만 이때는 그렇지 않았어. 이전에는 뛰어난 기술을 가진 장인이라도 나랏일에 강제로 불려 나가서 단지 공사장에 나온 일수에 따라 쌀을 받았어. 전문기술자와 단순노동자가 똑같은 대우를 받은 거야. 점차 화폐가 널리 사용되고 상공업이 발달하면서 비로소 능력에 따라 쌀이 아니라 돈으로 임금을 주는 일이 가능해졌지.

토토 그럼 더 열심히 일했겠네?

금붕어 물론이지. 그래서 원래 10년을 계획한 화성 공사를 2년 반 만에 마칠 수 있었대.

❖ 장인들의 일당표 ❖
석공 고돌쇠(高乭金): 쌀 3되 + 돈 2전 5푼
벽돌공 차어떤놈(車於仁老味): 쌀 3되 + 돈 2전
목수 엄강아지(嚴江牙之): 돈 4전 2푼
대장장이 김순놈(金順老味) 외 2인: 돈 8전 9푼
짐꾼 김복돌(金福乭): 돈 3전

그림솜씨는 나를 이길 자가 없을걸? 나는 건물에 단청을 칠하는 화공이라네.

금붕어 이것이 완성된 화성의 지도야. 옛날에는 지도에 산과 강, 나무와 건물 등을 그대로 그려 넣고 성곽과 중요 시설물에는 알아보기 쉽게 이름을 써 두었어. 그럼 우리 완성된 화성의 모습을 둘러볼까나?

서장대 : 군사들에게 명령을 내리고 지휘하기 위해 장수가 올라서는 곳으로 팔달산 정상에 우뚝 솟아 있다.

화성의 4대문

화성에는 동서남북으로 창룡문(蒼龍門), 화서문(華西門), 팔달문(八達門), 장안문(長安門) 이렇게 4개의 대문이 있다. 서울에서 화성에 갈 때는 북문인 장안문을 통해 들어갔고 남쪽 지방으로 나갈 때는 남문인 팔달문을 통과했다.

암문 : 적들 모르게 성 밖으로 나가는 비밀통로.

전쟁에 대비한 성곽

화성은 마을을 둘러싸며 성곽을 쌓은 읍성이라 전쟁이 나도 피난을 가지 않고 그대로 지켜내야 했다. 전쟁에 대비해 성벽은 돌과 돌의 이가 맞물리도록 턱을 두어 더욱 튼튼하게 만들었고 군데군데 방어·공격 시설을 두었다.

봉돈 : 불을 피워 상황을 알리는 곳.

華城全圖 화성전도

화성성역의궤

화성행궁
화성의 가운데에 있는 임시 궁궐로 정조가 행차했을 때 머무르던 곳이다. 평소에는 관청으로 썼다.

西將臺

화서문 墩心空

장안문

訪花隨柳亭

공심돈: 안이 비어 있어서 군사들이 몸을 감추고 머물 수 있는 곳. 벽에는 총이나 화살을 쏠 수 있는 구멍이 있다.

방화수류정(동북각루): 꽃을 찾고 버들을 좇는다는 뜻의 이름을 가진 정자. 화성에서 가장 아름다운 경치를 가졌다. 평소에는 적을 관측하는 장소로 사용되었다.

砲樓

창룡문

臺弩

포루: 화포를 감춰 두었다가 쏘는 곳.

노대: 활을 쏘거나 깃발을 흔들어 명령을 전하는 곳.

 의궤 속으로 풍덩! 화성성역의궤

화성은 어떻게 만들어졌을까?

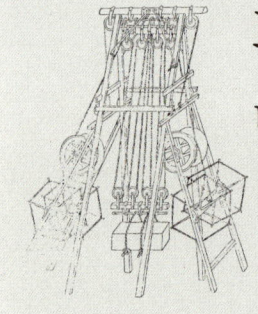

《화성성역의궤》는 화성에 성을 쌓은 과정을 기록한 의궤야. 일제시대를 거치면서 성곽 일대가 훼손되기 시작하고 한국전쟁 때 크게 파괴된 화성을 《화성성역의궤》를 보고 원래의 모습대로 다시 만들었단다. 덕분에 화성이 1997년 유네스코 세계문화유산에 등록될 수 있었어.
정조가 갑자기 세상을 떠나는 바람에 다음 임금인 순조 때 만들어진 《화성성역의궤》는 건축과 관련된 의궤 중에서도 가장 많은 내용을 담고 있어. 화성 공사와 관련된 공식 문서는 물론, 참여한 인원, 사용된 물품, 설계 등에 관한 기록과 그림이 함께 실려 있는 일종의 공사보고서인 셈이야. 내용이 아주 세세하고 치밀해서 공사에 참여한 기술자 1800여 명의 이름과 주소, 일한 날 수와 받은 임금까지 적혀 있어. 공사에 사용된 모든 물건의 크기와 값은 또 얼마나 상세히 기록되어 있는지 입이 떡 벌어질 정도라니까. 당시에 이렇게 자세한 공사보고서를 남긴 나라는 우리나라밖에 없다고 해.
정조 임금의 원대한 꿈이 담긴 화성은 볼거리가 많은 곳이야. 건물 하나만 보는

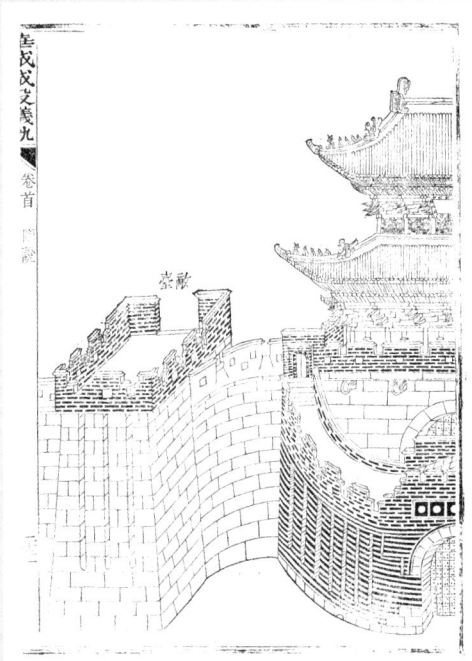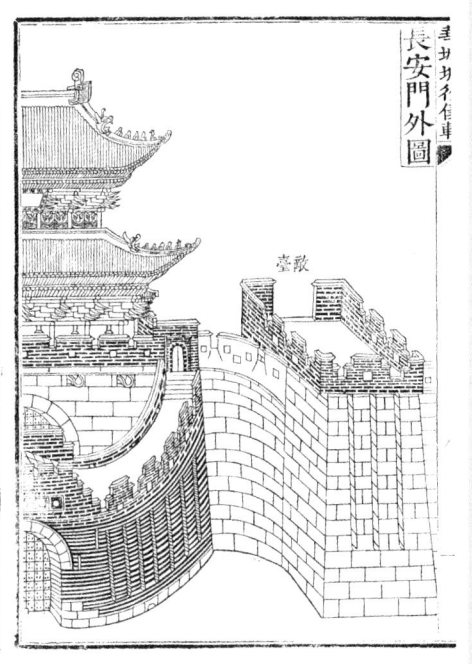

〈화성성역의궤〉의 장안문 도설

것보다는 주변 경치를 함께 감상하는 것이 더 좋아. 정조 임금님이 엄선해서 고른 좋은 자리에 지었으니까. 화성은 커서 다 돌아보려면 꽤 시간이 걸려. 다리가 아프면 화성 열차를 타는 것도 좋겠지. 화성 열차는 화성 구경을 하러 온 사람들을 위해 마련한 열차야.

더 둘러보고 싶은 친구가 있다면 근처에 있는 융건릉과 용주사에 가볼 것을 추천할게. 융건릉은 사도세자의 무덤인 융릉과 정조의 무덤인 건릉을 합쳐서 부르는 이름이고 용주사는 사도세자의 명복을 빌며 지은 절이야.

왕의 행차

정조 임금님은 자신의 꿈이 담긴 화성에 자주 행차하여 사도세자의
묘를 참배하고 백성들의 생활을 살피곤 했어.
그런데 1795년에는 어머니 혜경궁의 61번째 생신을 맞이하여
조금 특별한 행차를 마련했대.
혜경궁과 동갑인 사도세자가 살아 계셨다면 같이 환갑을 맞이하셨을 거야.
그러니 효성이 지극한 정조 임금님이 가만 있을 수 없지 않겠어?
그리하여 화성에서 혜경궁의 생신 잔치가 크게 벌어졌어.

원행을묘정리의궤

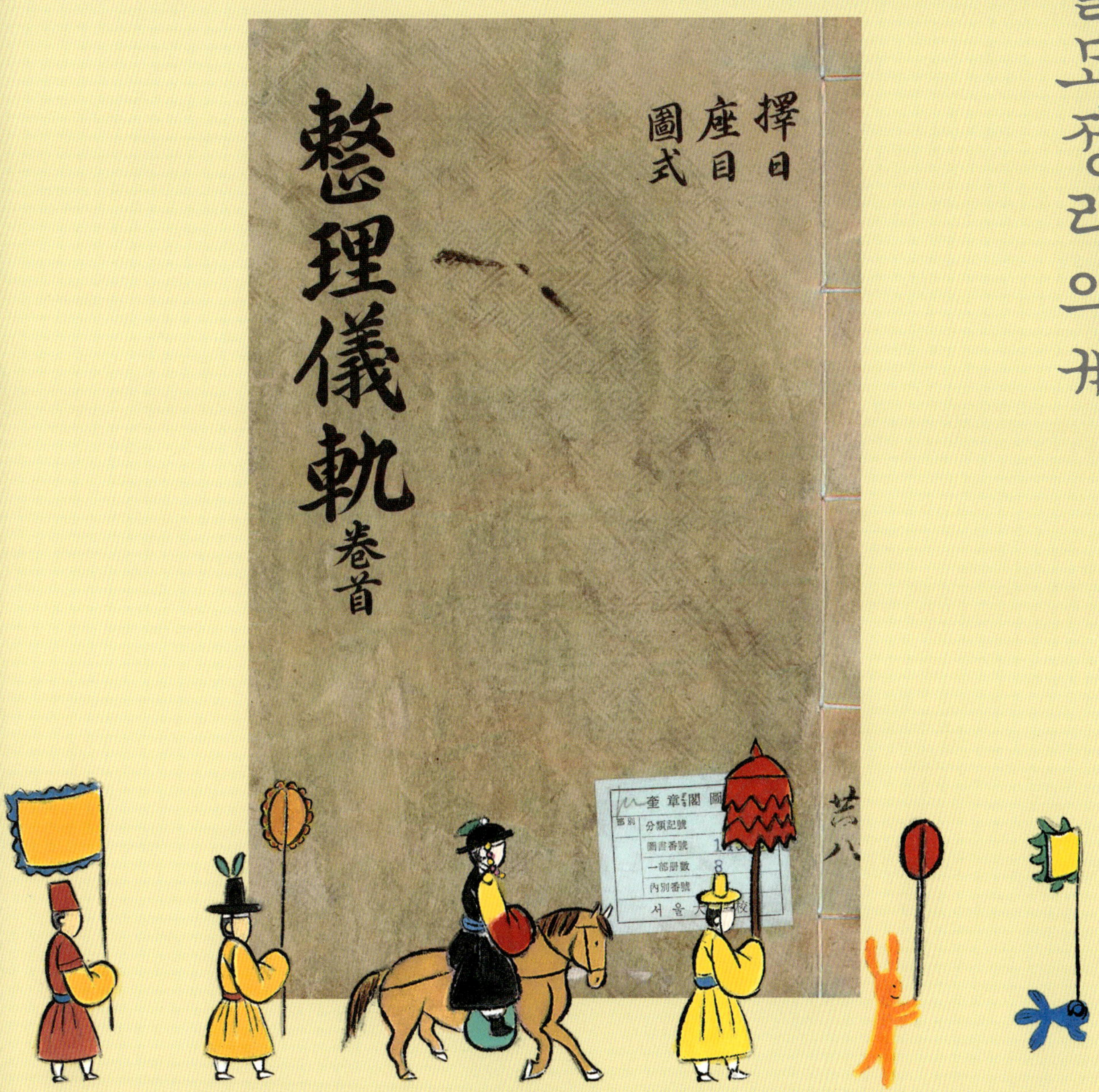
整理儀軌
卷首
擇日
座目
圖式
分類記號
圖書番號
一部冊數
內別番號

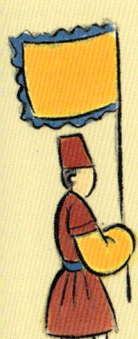

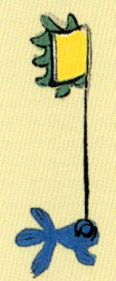

토토 　우와! 장난감 배를 이어 놓은 것 같아.
금붕어 　이건 배다리야. 배를 이어 대고 위에 판자를 깔았지.
　　　이래 보여도 정말 튼튼해!
토토 　굳이 이렇게 배를 이어야 해? 그냥 다리로 건너면 안 돼?
금붕어 　이때는 한강에 다리가 하나도 없었어. 화성행차에 참여한 수많은 사람이
　　　일일이 배를 타고 건널 수는 없으니까 임시로 배다리를 만든 거야.
토토 　누가 행차에 참여했는지 궁금해. 얼른 가 보자.
금붕어 　그래 그래, 이 호기심 대장아. 누가 널 말리겠니?

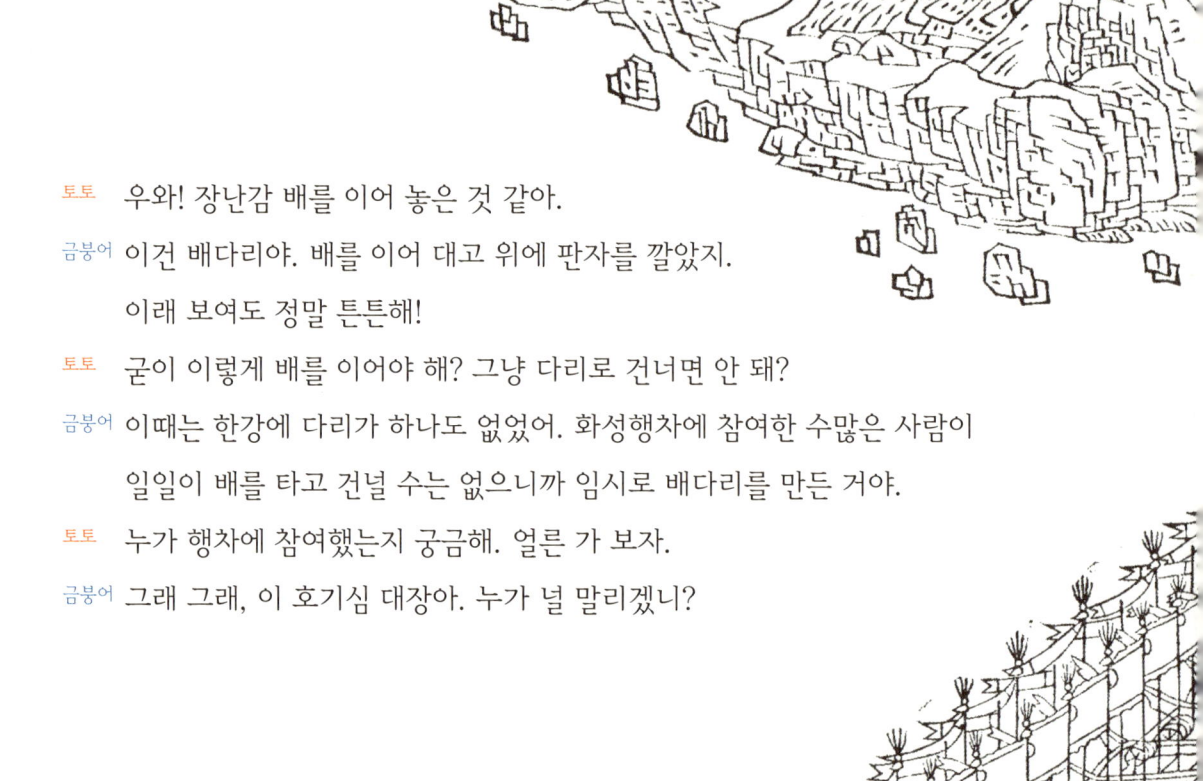

화성행차의 준비

정조는 1년 전부터 행차를 꼼꼼하게 준비했다. 우선 '정리소'라는 기구를 임시로 만들어서 행차를 주관하도록 했고, 백성들에게 빌려 주고 받은 이자수입으로 10만 냥을 마련해서 행차에 들어가는 경비로 사용했다. 행차를 위해 시흥에 넓은 길을 내고 한강에 배다리도 놓았다. 배다리는 정조가 정약용 등의 신하들과 머리를 맞대고 설계했다고 한다.

총리대신은 행사를 총괄하는 신하를 뜻하는데 당시 총리대신은 우의정 채제공이었다. 행차의 선두에 있었던 채제공은 정조가 왕의 자리에 오른 뒤 영의정까지 지내면서 개혁을 도왔다. 화성행차는 물론, 화성에 성곽을 쌓는 공사의 최고 책임자이기도 했다.

總理大臣 총리대신

《원행을묘정리의궤》 반차도(부분)

정조의 화성행차를 묘사한 이 반차도는 김홍도를 비롯한 당대의 화원들이 함께 그린 것이다. 씩씩하게 걷는 사람, 뒤쪽의 경호를 맡아 자꾸 뒤를 돌아보는 사람, 옆을 주시하는 사람 등등 동작이 자연스럽고 하나하나의 표정이 다채로와서 당대 최고의 솜씨임을 알 수 있다. 이 반차도 안에는 사람이 1779명, 말이 779마리나 등장하는데 실제로 행차에 참여한 사람은 이보다 훨씬 많은 6천여 명이었다고 한다.

금붕어   화려한 깃발들은 왕의 행차를 더욱 돋보이게 했어. 깃발에 그려진 해와 달, 하늘은 왕의 권위를 상징해. 용이나 흰 호랑이, 주작과 같은 상서로운 동물들도 그렸어.

토토   저기 큰 깃발은 뭐야? 얼마나 큰지 다섯 명이 들고 가네.

금붕어   저건 왕의 행차를 알리는 용기야. 용 두 마리가 여의주를 갖고 노는 모습이야. 용은 왕을 상징하는 동물이거든.

토토   그래서 임금님의 옷에도, 의자에도, 깃발에도 용이 있구나.

금붕어   그럼. 보통 사람들은 용 문양을 함부로 사용할 수 없었어.

토토   저 사람들이 손에 들고 있는 물건은 뭐에 쓰는 거야? 부채 모양도 있고 도끼 모양도 있네.

금붕어   아, 저건 의장물이라고 해. 실제로 사용하는 건 아니고 왕을 상징하는 물건들이지.

토토   쓸 것도 아닌데 왜 들고 나온 거야?

금붕어   행차를 멋지게 장식해 왕의 힘을 자랑하려는 거지.

둑 : 사람의 머리를 매달아 놓은 듯한 모양의 깃발. 소의 꼬리나 꿩의 꽁지로 장식했다. 왕의 행차 때 꼭 사용했다.
수정장 : 기다란 나무를 은으로 도금하고 끝에 수정 구슬을 단 몽둥이.
양산 : 비단이나 천으로 만든 가리개. 비나 해를 가리기 위해 사용했다.
금월부 : 왕의 힘과 권위를 나타내는 도끼.
홍개, 청개 : 고대 중국에서 수레의 지붕 덮개를 본떠 만든 것으로, 비나 해를 가리는 도구.
등자 : 말을 탈 때 두 발로 디디는 제구를 도금하여 거꾸로 붙였다.
입과, 횡과 : 자루 끝에 참외 모양의 쇠 또는 나무 뭉치를 달아 놓은 무기
정 : 오색의 깃털을 깃대 끝에 드리워 꾸민 깃발. 병사들의 사기를 북돋워주기 위해 쓰였다.
선 : 꿩의 깃털을 짜서 만든 부채로 해를 가리거나 먼지를 막을 때, 바람을 일으키는 데 쓰였다.

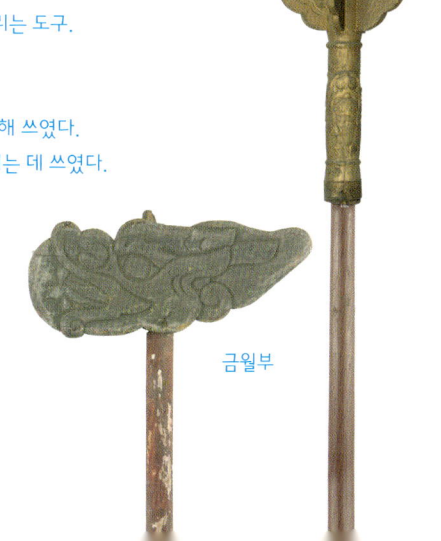

금월부

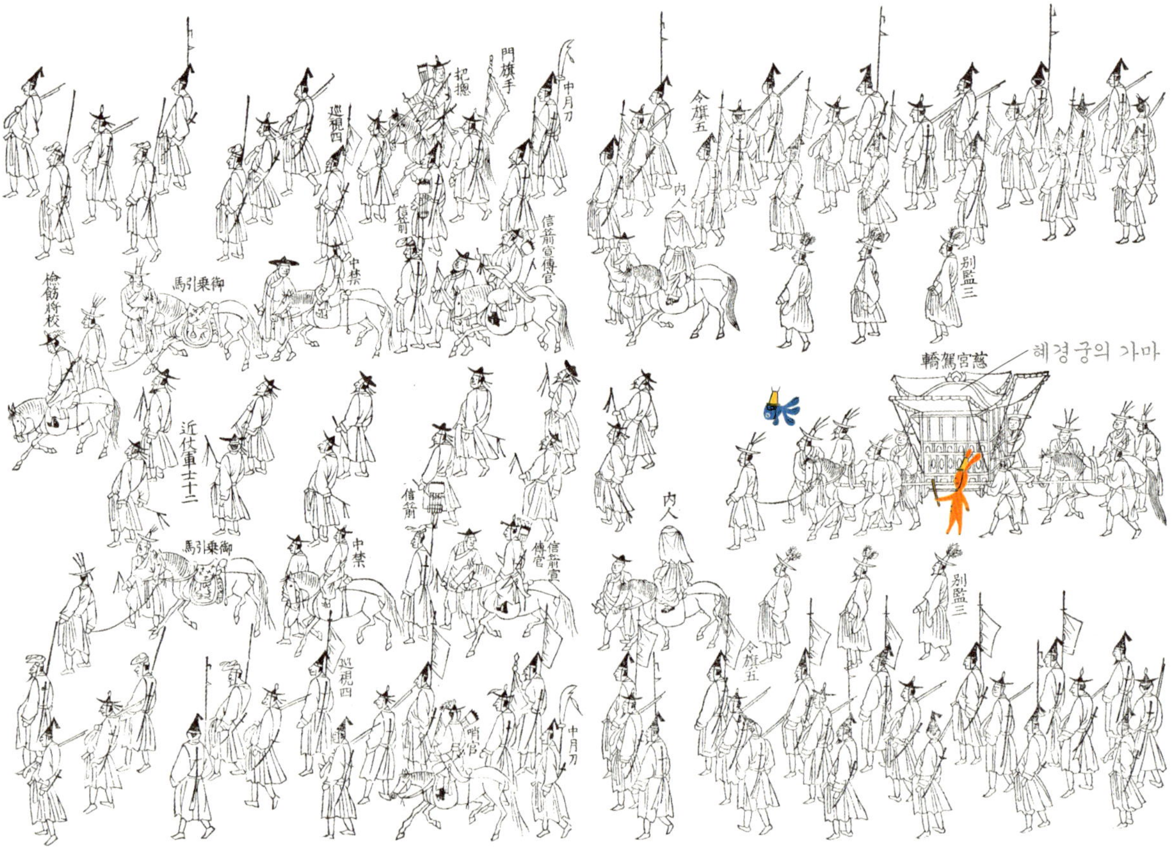

토토 갑자기 사람이 많아졌어!

금붕어 오늘 행차의 주인공이 등장할 차례거든. 짜잔! 바로 혜경궁 마마가 이 가마에 타고 계셔. 정조 임금님은 연세가 많은 어머니가 먼 길을 편히 가시도록 정성스레 가마를 만들도록 명했어.

혜경궁의 가마와 수라가자

정조는 혜경궁을 위해 세심한 배려를 했다. 가마도 사람이 메고 가는 것과, 말이 끌고 가는 것, 이렇게 두 종류로 만들었고 혜경궁이 드실 미음 등의 음식이 담긴 마차(수라가자)를 따로 마련했다.

水剌架子 수라가자

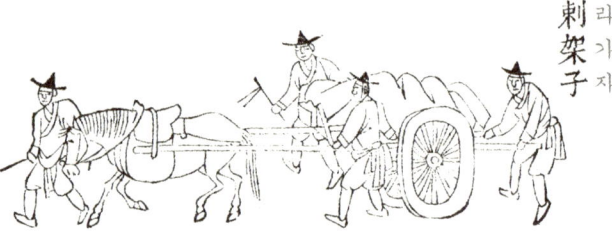

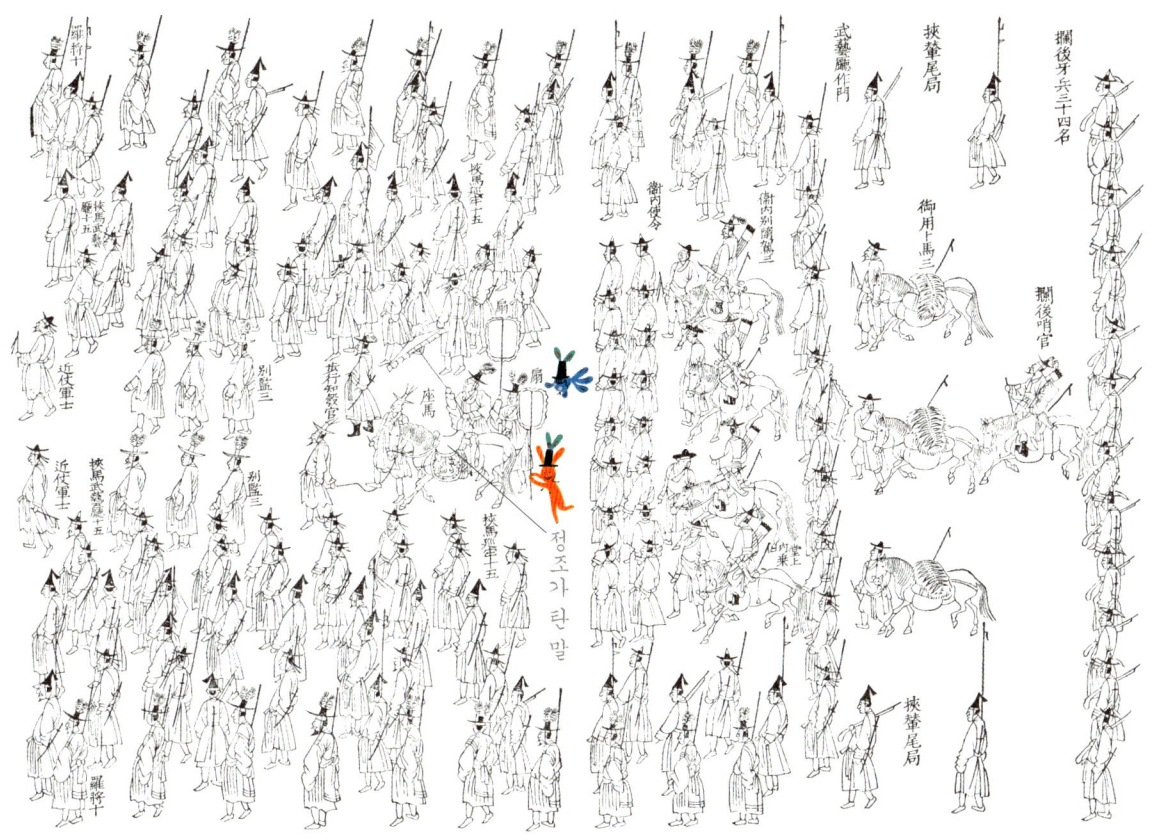

금붕어 정조 임금님이 탄 말이 철통 같은 호위를 받으며 그 뒤를 바짝 따르고 있어.

토토 저기 가운데 양산을 받치고 가는 말? 저게 임금님이 탄 말이야?

금붕어 그래. 여기서도 왕의 모습은 보이지 않아.

토토 알아, 안다니까. 빈 자리가 표시되어 있고, 옆에서 왕을 상징하는 양산과 부채를 들고 가는 걸 보면 임금님이 계시다는 소리지.

금붕어 이번 행차에는 정조의 누이들인 청연군주와 청선군주도 함께 참여했어. 군주는 세자의 딸을 말해. 사도세자가 왕이 되지 못하고 세상을 떠났기 때문에 공주가 아니라 군주로 불렸어. 두 군주가 아버지 묘소에 가는 건 이번이 처음이었대.

금붕어 정조는 8일 간의 화성행차 가운데, 오고 가는 데 걸린 4일을 뺀 나머지 4일 간을 화성에서 보냈어. 정조는 화성에서의 첫날, 이른 아침부터 향교를 둘러보고 대성전에 참배하는 것으로 공식 일정을 시작했어.
토토 대성전이 뭐야?
금붕어 공자를 비롯한 유학자들의 위패를 모신 사당이야.
토토 역시 학문을 사랑하는 정조 임금님!

금붕어 특별 행차 기념으로 과거 시험도 열렸어. 서울까지 힘들게 가지 않아도 되니 지방 사람들에게는 좋은 기회였지. 저기 머리에 두 갈래 꽃을 꽂고 서 있는 사람들이 보이지? 머리에 꽂은 꽃은 왕이 합격자에게 주는 어사화야.
어, 토토가 어디 갔지?
토토 나도 붙었어!
금붕어 하여튼 못 말린다니까.

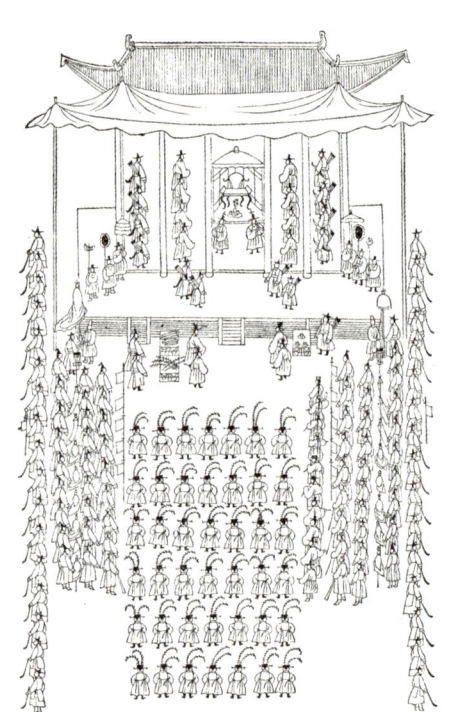

과거 시험

조선시대에 인재를 뽑기 위해 실시했던 과거 시험은 크게 문(文)과와 무(武)과로 나뉘었다. 문과는 책 읽고 글을 쓰는 관리를, 무과는 말 타고 활 쏘는 군인을 뽑는 시험을 말한다. 오른쪽 그림은 과거시험 합격자 발표식을 그린 〈방방도〉이다.

현륭원
왕이 아닌 세자의 묘임에도 현륭원에는 병풍석, 무인석 등 아름다운 석조물이 세워져 있다. 아버지 사도세자에 대한 정조의 효심이 묻어난다.

금붕어 사도세자의 묘인 현륭원에서 두 분이 함께 참배를 하고 있어.

토토 비참하게 돌아가신 사도세자 생각에 몹시 슬프신가 봐.

금붕어 혜경궁 마마와 사도세자는 동갑이시지만 안타깝게도 함께 환갑을 맞지 못하셨으니…. 나중에 혜경궁 마마의 묘도 이곳에 나란히 들어서게 돼. 비록 살아 계실 적엔 일찍 헤어지셨지만 돌아가신 뒤에는 나란히 잠드실 수 있게 된 거지.

서장대
정조는 화성의 지휘본부인 서장대에서 장용영 훈련을 통해 군사들의 충성심을 확인하고 강력한 왕의 힘을 만천하에 보여주려고 했다.

금붕어 임금님의 지시가 떨어지자 군사훈련이 시작됐어. 오늘은 서장대에서 낮에 한 번, 밤에 한 번, 두 차례 군사훈련이 있어. 맨 위에 우뚝 선 건물이 서장대야. 정조는 저곳에 서서 군사들을 훈련시켰어. 병사들은 모두 정조의 직속부대인 장용영의 군사들로 그 수가 5천 명에 달했대.

금붕어   드디어 혜경궁 마마의 환갑 잔치가 봉수당에서 열렸어. 이 잔치에서는 전문 춤꾼인 기녀들이 선유락, 포구락 등 궁중무용을 공연하였어.

토토   춤을 잘 못 추면 어쩌지?

금붕어   그래서 그제 오후에 예행연습도 했어. 모두 열심히 했으니까 걱정 마.

토토   혜경궁 마마는 어디 계시지?

금붕어   봉수당 안쪽에 계셔서 모습이 보이지 않아. 표피무늬 방석이 놓인 곳은 정조 임금님 자리야. 상궁들이 꽃과 음식을 올리고 있어.

토토   가운데 저 배는 뭐지? 갑자기 뱃놀이라도 하나?

혜경궁의 가마

〈봉수당진찬도〉

금붕어 저건 '선유락'이라는 춤이야. 먼저 악대가 나와서 웅장하게 춤의 시작을 알려. 그러면 무용수들이 화려하게 채색된 배를 끌고 나와 둘레를 빙 둘러서서 배 모는 시늉을 하며 춤을 추지. 이때 어부의 마음을 담은 '어부사'라는 노래를 불렀다고 해. 선유락은 궁중에 큰 잔치가 있을 때마다 등장하는 화려한 군무였어.

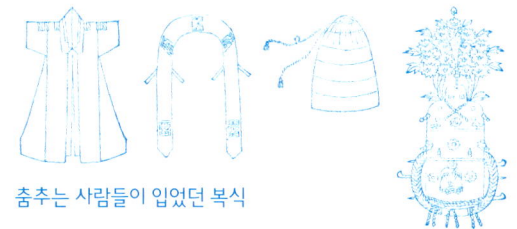

춤추는 사람들이 입었던 복식

잔치에 쓰인 기물들

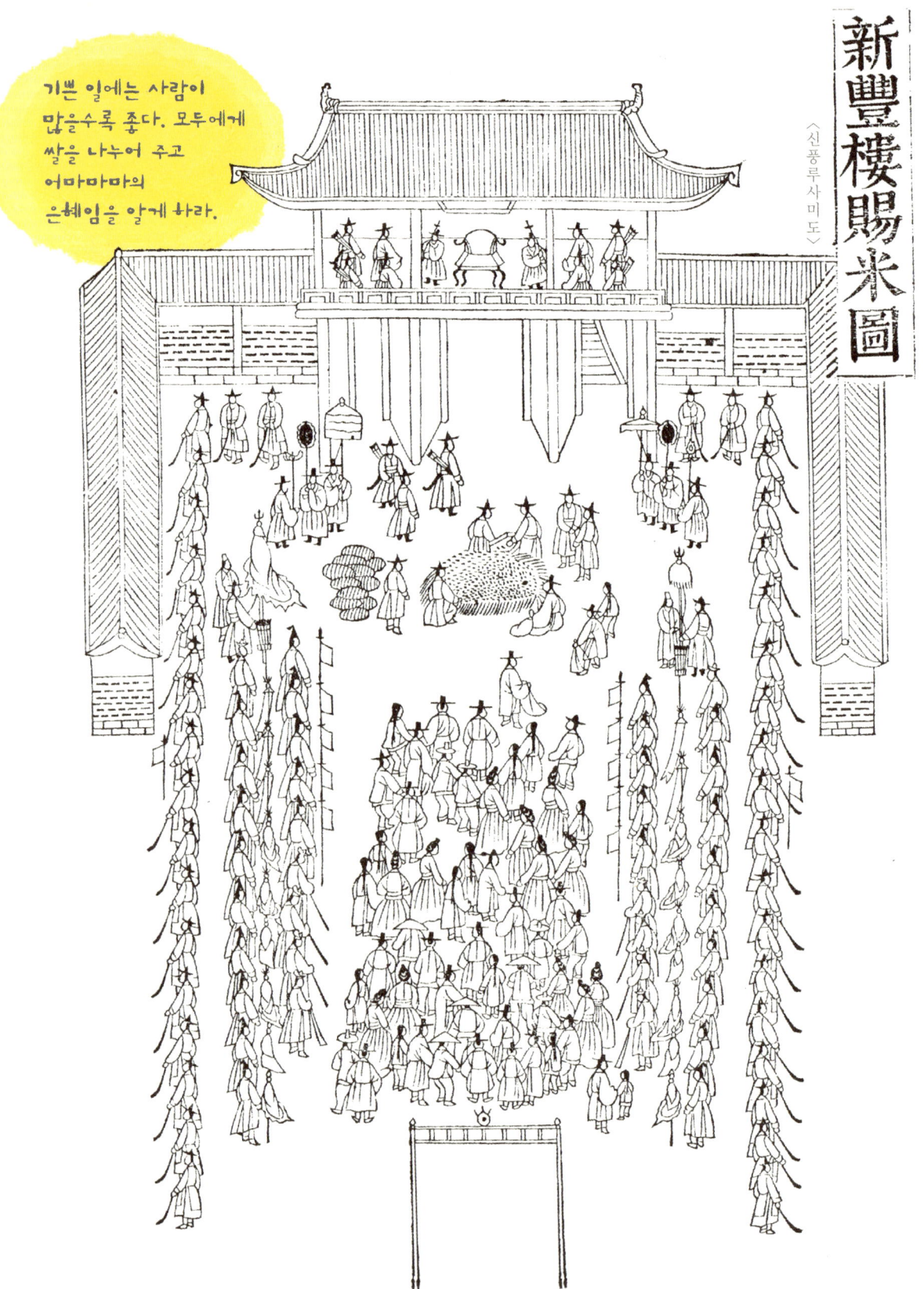

금붕어 화성에서의 마지막 날 새벽에는 화성행궁의 신풍루에서 가난한 사람들에게 쌀을 나눠 주었어. 또 낮에는 노인들을 초대해 술과 음식을 푸짐하게 내드렸지. 어제 혜경궁 마마의 회갑 잔치를 했으니 백성들과 그 기쁨을 함께 나누려고 했던 거야.

토토 정조 임금님은 참 자상하셔!

금붕어 오후에는 신하들과 활쏘기 대회를 했어. 무예도 뛰어난 정조 임금님!

매화포
땅에 화약을 묻었다 터트려 불꽃을 만드는 폭죽. 궁중에서는 연말이 되면 1년간 쌓인 잡귀를 몰아내고 새해 복을 비는 의미로 매화포를 터트리기도 했다.

어이쿠, 놀래라.

토토 와~ 폭죽이 터져.

금붕어 저건 매화포라는 거야.

토토 화성에서의 마지막 날을 기념하는 거구나.

금붕어 응. 내일이면 서울로 돌아가니까.

금붕어 행차가 지나가는 곳곳에는 구경꾼들이 있었어. 임금님의 행차는 백성들의 큰 즐거움이었어. 백성들은 바쁜 농사일, 집안일을 잠시 접어 두고 화려한 행렬을 구경했지. 구경꾼들이 모이면 장사도 잘 되겠지? 떡장수 아저씨 좋겠다.

토토 나도 떡 먹고 싶어. 쓰읍.

금붕어 정조 임금님은 백성들의 의견을 듣는 것을 좋아했어. 행차를 하면서 백성들의 불만을 들어 억울한 경우가 있으면 해결을 해 줬지.

토토 역시 정조 임금님!

금붕어 이게 다가 아니야. 꼼꼼하고 자상한 정조 임금님은 궁궐로 돌아온 뒤에 수고한 신하들에게 푸짐한 상을 내렸어. 그리고 이 행차의 모든 것을 기록한 의궤를 만들라고 명하는 것도 잊지 않았지.

알겠다. 담당자와 의논해 고치도록 하겠다.

바쁜 농사철에 불러내 나랏일을 시키지 않았으면 하옵니다.

의궤 속으로 풍덩! 원행을묘정리의궤

효심이 묻어나는 화성행차

청계천에 가면 길이가 186m나 되는 긴 벽화가 있어. 1795년 정조가 어머니 혜경궁 홍씨의 회갑을 맞아 화성에 행차한 모습을 그린 거야. 이 벽화의 원래 그림이 바로 《원행을묘정리의궤》에 실린 반차도란다.

《원행을묘정리의궤》는 을묘년(1795)에 있었던 정조의 화성행차를 생생하게 보여 주는 자료야. 행차를 준비하고 진행한 모든 과정이 자세히 담겨 있어. 특히 행차의 모습을 담은 반차도는 이 의궤의 가장 중요한 부분이라 할 수 있어.

〈정조대왕 능행 반차도〉 벽화, 서울특별시 청계천 광교 부근.

보통 의궤는 사람이 손으로 쓰고 그림을 그려 5부 정도를 만들었지만, 《원행을묘정리의궤》의 글은 정리자(整理字)라는 금속활자를 사용해 대량으로 인쇄되었어. 정조는 화성행차에 관한 기록을 더 많은 사람이 볼 수 있도록 100부를 만들게 했어. 그래서 《원행을묘정리의궤》는 다른 의궤에 비해 오늘날 많은 수가 남아 있어. 앞에서 살펴본 《화성성역의궤》도 이렇게 활자로 인쇄한 것이란다. 그런데 화성행차를 그린 그림이 의궤 말고도 8폭의 병풍과 긴 두루마리 형태로 남아 있어. 왕실에서 중요한 행사가 있으면 행사의 주요 장면을 그린 그림을 병풍이나 두루마리로 만들어 왕과 왕실의 가족들, 행사에 참여한 신하들이 나눠 가지곤 했기 때문이야. 행사를 오래도록 기억하고자 한 거지.
《원행을묘정리의궤》의 그림은 목판으로 인쇄해 흑백인 반면, 화원들이 손으로 그린 병풍과 두루마리는 은은한 천연색이 섬세하고 아름다워.

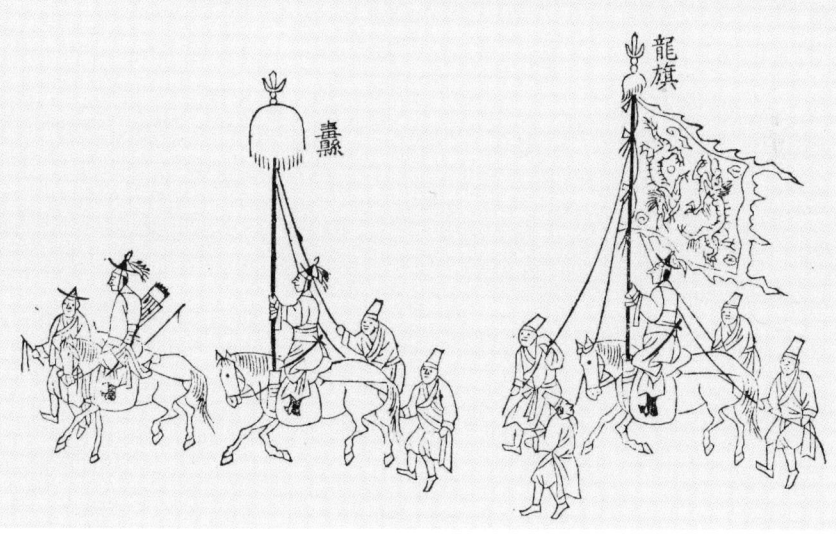

왕의 죽음

조선시대에는 돌아가신 부모님의 마지막 길을 잘 보살펴야 한다고
생각했어. 그게 예를 다하는 것이라고 여겼지. 모든 백성의 아버지로
여겨졌던 임금님의 장례는 더욱 정성스럽게 치렀어.
임금님의 장례는 나라의 중요한 장례란 뜻으로 국장(國葬)이라 했단다.
이렇게 중요한 행사를 의궤로 기록해 두는 건 당연하겠지?
이건 《정조국장도감의궤》야. 1800년에 세상을 떠나신 정조 임금님의
장례식을 기록한 의궤지.
조금 슬프지만 정조 임금님의 마지막 행차를 따라가 보자.

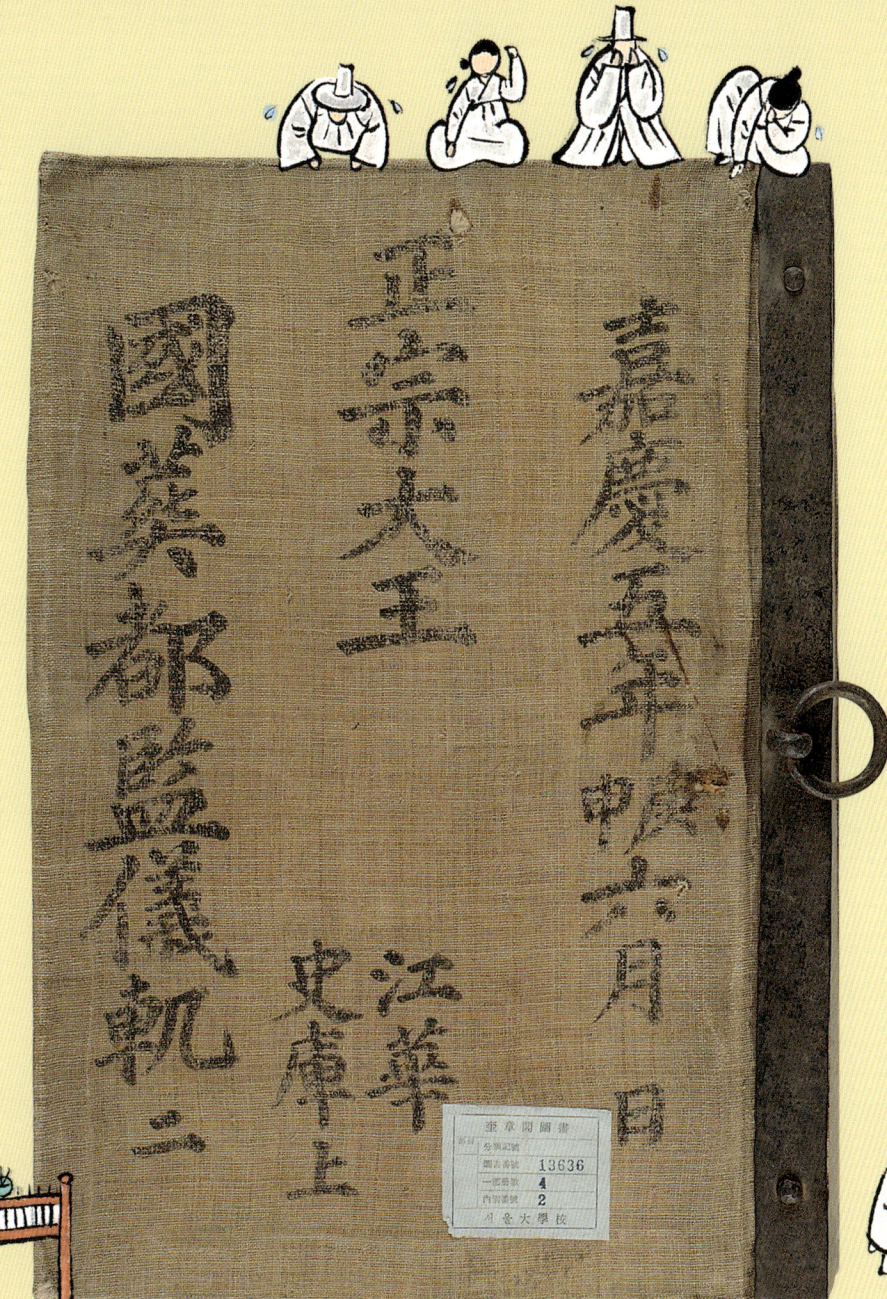

정조 국장도감의궤

토토 정조 임금님이 돌아가셨대!

금붕어 정조 임금님은 49세의 나이에 갑자기 돌아가셨는데 지금까지 밝혀진 죽음의 원인은 피부병이야. 그렇지만 너무나 갑작스런 죽음이다 보니 당시엔 누군가에게 독살된 것 아니냐라는 소문이 퍼지기도 했대.

토토 진짜일까?

금붕어 뭐, 알 수 없지. 어떤 사람들은 정조 임금님이 너무 열심히 일했기 때문에 과로로 돌아가셨다고 말하기도 해. 아무튼 정조 임금님은 돌아가시기 전까지 오랫동안 병환에 시달리셨어.

토토 저 아저씨 위험하게 지붕 위에서 뭐해?

금붕어 저 사람은 임금님을 모시던 내시인데, 임금님의 혼이 옷을 보고 돌아오라고 저렇게 외치고 있는 거야. 죽은 사람의 몸을 떠난 혼이 멀리 가기 전에 다시 돌아오라고 부르는 거지.

토토 그래도 안 돌아오면 어떡하지?

금붕어 그럼 이제 장례를 치러야지. 임금님이 돌아가신 지 다섯 달이 지나면 시신을 왕릉에 묻었어. 왕의 시신을 왕릉으로 옮기는 행렬에 거의 1만 명이나 되는 사람들이 참여했대.

초혼 의식

왕이 죽었을 때 옷을 흔들며 혼을 부르는 의식. 지붕에 있던 내시가 흔들던 옷을 아래로 던지면 밑에서 대기하던 다른 내시가 이를 받아 죽은 왕의 몸 위에 놓고 혼이 다시 몸속으로 들어가기를 기원하며 5일을 기다렸다.

임금님의 혼이여, 돌아오소서.

금붕어 임금님이 돌아가시면 이름을 새로 지어 올리고 그걸 적은 책과 도장을 가마에 넣어 행렬에 포함시켰어.

토토 무슨 이름을 또 지어?

금붕어 살아 계실 적의 성품과 업적을 평가해서 그에 걸맞는 이름을 새로 지어 드리는 거야. 이처럼 죽어서 남기는 이름을 '시호'라고 해. 시호를 옥에 새겨 책으로 만든 것은 '시책', 도장에 새긴 것은 '시보'라고 했지.

시보

토토 정조 임금님은 좋은 일을 많이 하셨으니까 좋은 이름을 받았겠네.

금붕어 정조 임금님은 '문성무열(文成武烈)성인장효(聖仁莊孝)'란 이름을 받았어.

토토 어휴, 엄청 길다.

금붕어 이뿐만이 아냐. 임금님이 돌아가시면 종묘에서 제사를 지낼 때 부르는 이름도 따로 지었어. '묘호'라고 하지. 정조 임금님의 묘호는 '정종(正宗)'이었어. 그래서 정조 임금님이 돌아가신 직후에 나온 책에는 모두 '정종'이라고 되어 있어. 그런데 나중에 고종 황제가 '정조선황제(正祖宣皇帝)'라고 높이면서 '정조'로 부르기 시작한 거야.

문성무열성인장효
학문과 무예에 능하고
지혜롭고 인자하고 바르며,
이전 왕의 뜻을 계승하여 나라를 잘 다스렸다.

토토   복잡하기도 하네.

금붕어   이게 다가 아닌걸. 또 다른 이름들이 있어. 정조 임금님의 본명은 '산(祘)'이고, 성인식을 치를 때 받는 이름인 자는 '형운', 일종의 별명인 호는 '홍재'였어.

토토   으악, 나는 이름이 한 개라 다행이야.

前部鼓吹陳而不作
전부 고취진이부작
악대가 따라가나 연주하지 않는다

토토   이상하다? 악대가 지나가는데 음악 소리가 들리지 않아.

금붕어   임금님이 돌아가신 뒤 3년이 지날 때까지 종묘제례를 제외하고는 음악을 연주할 수 없었거든.

토토   아… 그런데 연주하지도 않으면서 악대는 왜 따라간 거야?

금붕어   비록 연주는 하지 않아도 임금님에 대한 예의를 갖추려고 한 거지.

방상시

방상시는 악귀를 쫓기 위해 무서운 모습으로 분장하였다. 머리에 곰의 가죽을 쓰고 얼굴에는 4개의 눈이 달린 가면을 썼으며 손에는 창과 방패를 들었다.

방상시

토토 : 으악, 저건 뭐야? 도깨비 같이 생겼다.

금붕어 : 저 사람은 방상시 복장을 한 거야. 방상시는 악귀를 몰아내는 귀신인데 눈이 4개나 돼. 2개는 보이는 세상을, 2개는 보이지 않는 세상을 보기 위한 거래. 방상시는 국왕의 행차나 외국 사신을 영접할 때 등등 왕실 행사에 사용되었어. 국장이 있을 때에도 방상시 탈을 쓴 사람을 수레에 태워 끌고 갔어. 국장 행렬이 왕릉에 도착하면 방상시가 시신이 안치될 지하 석실에 먼저 들어가서 창으로 사방 모퉁이를 치면서 잡귀를 쫓았지. 국장에 사용되는 방상시 탈은 보통 나무와 종이로 만들었고 장례가 끝나면 시신과 같이 묻거나 태워 버렸다고 해. 궁중에서는 섣달 그믐이면 귀신을 쫓는 가면 놀이를 했는데 그때도 방상시가 주인공이었대.

잡귀는 내게 맡겨.

토토   저건 진짜 말인가?

금붕어   아니야. 임금님이 저 세상에 가실 때 편하게 타고 가라고 '죽산마'라는 말
인형을 데려간 거야. 죽산마에 안장을 덮으면 '죽안마'라고도 불렸지.
죽산마는 비록 인형이지만 무척 섬세하게 만들어졌어. 바퀴 달린 우물 정(井)자
모양의 틀 위에 대나무로 말 뼈대를 잡고 그 위에 한지를 덮어 갈기와 꼬리,
눈동자까지 자세히 표현했지.
장례가 끝나면 하늘로 훨훨 올라가는 연기가 되어 임금님을 잘 모시라는
뜻에서 인형을 불에 태웠어.

금붕어 이 가마는 대여(大轝)라고 해. 임금님의 시신이 실려 있어. 아마도 정조 임금님이 타시는 마지막 가마가 되겠지. 대여는 아주 크고 무거워서 대여를 메기 위해서는 200명이 필요했대. 먼 길을 가야 하니까 번갈아 가면서 메야 했을 테고. 그래서 무려 800명이나 되는 사람이 대여를 메기 위해 따라갔어.

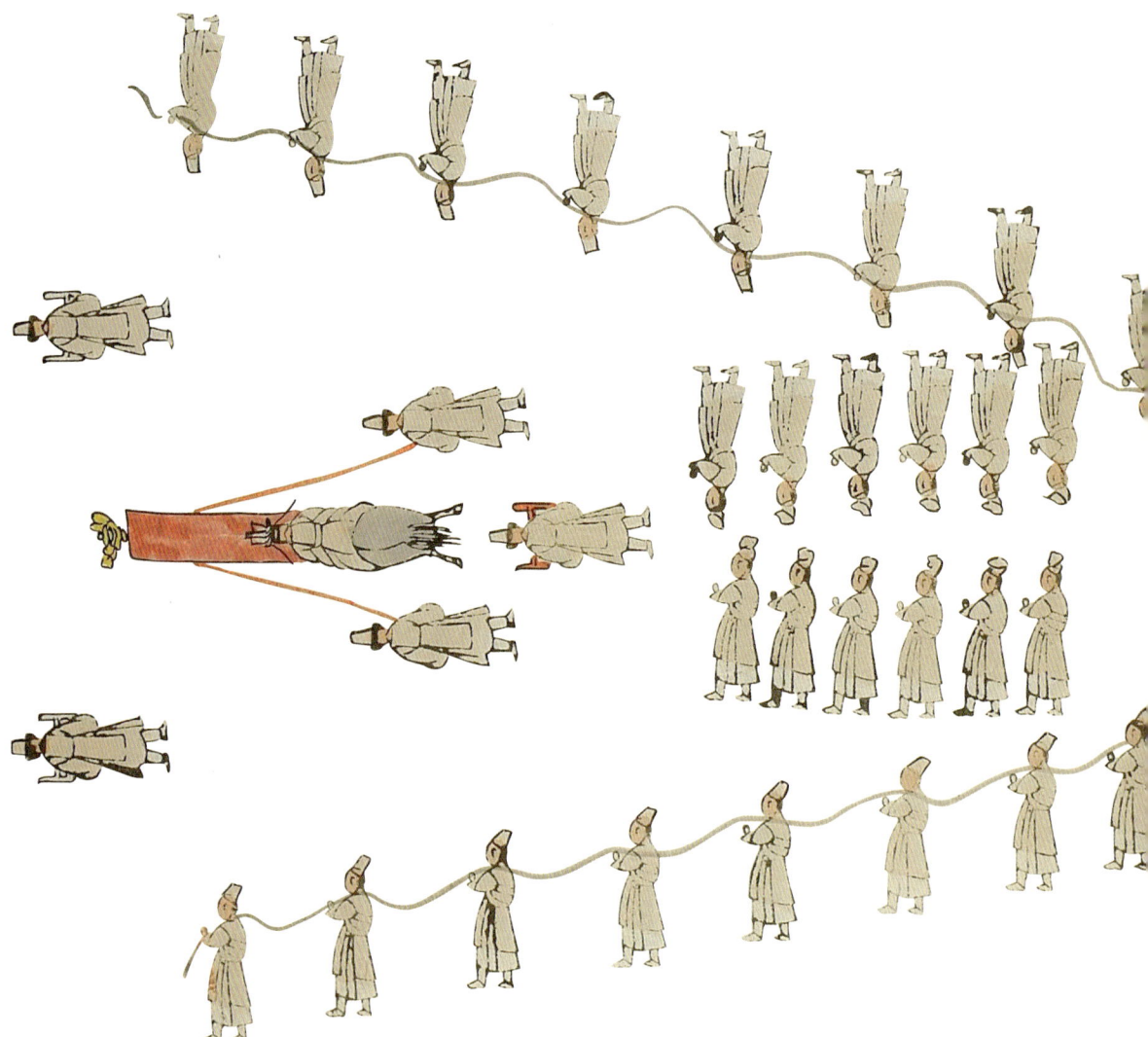

토토   옆에 부채를 든 사람들은 대여를 멘 사람들이 더울까 봐 따라갔나?

금붕어   아니야. 저건 더울 때 부치는 부채가 아니라 '삽'이라고 하는 장식용 부채야. 대여 옆에서 악귀를 막는 역할을 했대.

토토   부채에 그려진 그림이 다 르네.

금붕어   도끼가 있으면 '보삽', 궁(弓)자 같은 문양이 있으면 '불삽', 구름이 있으면 '운삽' 혹은 '화삽'이라고 했어.

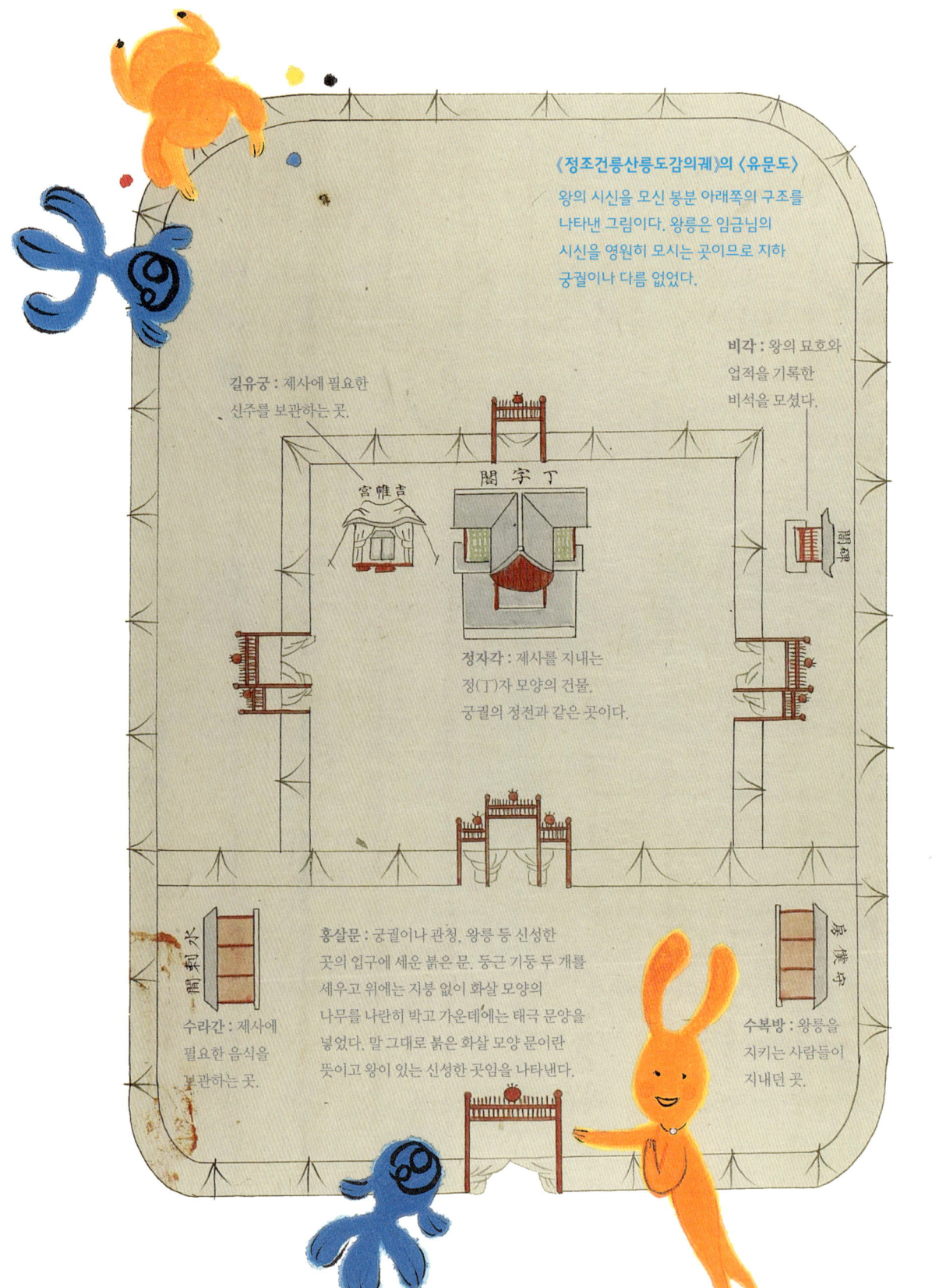

금붕어   왕릉은 임금님이 돌아가시면 바로 만들기 시작했어. 널찍하고 탁 트인 왕릉이 마치 공원 같지? 왕릉을 만드는 일은 수천 명이 동원된 큰 공사였고 능을 지키는 군사도 수백 명에 달했대.

토토   우리 들어가서 뛰어 놀자.

금붕어   안 돼. 지금은 자유롭게 소풍도 갈 수 있는 곳이지만 당시에 왕릉은 일반인이 들어갈 수 없는 신성한 곳이었어. 조금 있으면 대여를 실은 국장 행렬이 도착할 거야.

토토   그렇구나…. 정조 임금님은 이제 이곳에서 편히 쉬시겠지?

금붕어   그래. 하늘나라에선 슬픈 일이 없었으면 좋겠다.

건릉(健陵)

아버지 사도세자의 무덤인 현륭원 바로 옆에 위치한 정조의 무덤. 아버지를 옆에서 모시고 싶다는 유언에 따라 만들어졌다. 나중에 고종 황제 때 사도세자가 '장조(莊祖)'로 높여 불리면서 현륭원도 '융릉(隆陵)'이라 불리게 된다. 능이라는 명칭은 왕의 무덤에만 쓰일 수 있기 때문이다. 융릉과 건릉을 합쳐 '융건릉'이라고 한다.

건릉. 경기도 화성시 소재. ⓒ화성시청

의궤 속으로 풍덩! 국장도감의궤

임금님 마지막 행차하시는 날

국장은 다른 행사에 비해 시간이 오래 걸리는 데다 절차가 아주 복잡하고 까다로웠어. 그래서 의궤도 자세히 만들어야 했어. 임금님이 돌아가시면 3가지 의궤가 동시에 만들어졌단다. 장례식 전체 과정을 담은 《국장도감의궤》와 왕릉에 묻기 전 시신을 안치하고 조문객을 맞는 빈전에 관한 기록인 《빈전도감의궤》, 그리고 왕릉을 만든 기록인 《산릉도감의궤》가 임금님의 장례와 관련된 의궤야. 이 의궤를 통해 조선왕실의 장례 풍습과 죽음에 대한 문화를 세세하게 알 수 있어. 임금님의 시신을 무덤까지 가져가는 국장 행렬을 담은 반차도는 《국장도감의궤》에 실려 있어.

건릉을 방문할 예정이라면 《정조건릉산릉도감의궤》에 실려 있는 그림들을 먼저 살펴보는 것도 좋겠다. 그림과 왕릉의 실제 모습을 비교해 보면 더 흥미롭게 관람할 수 있을 거야.

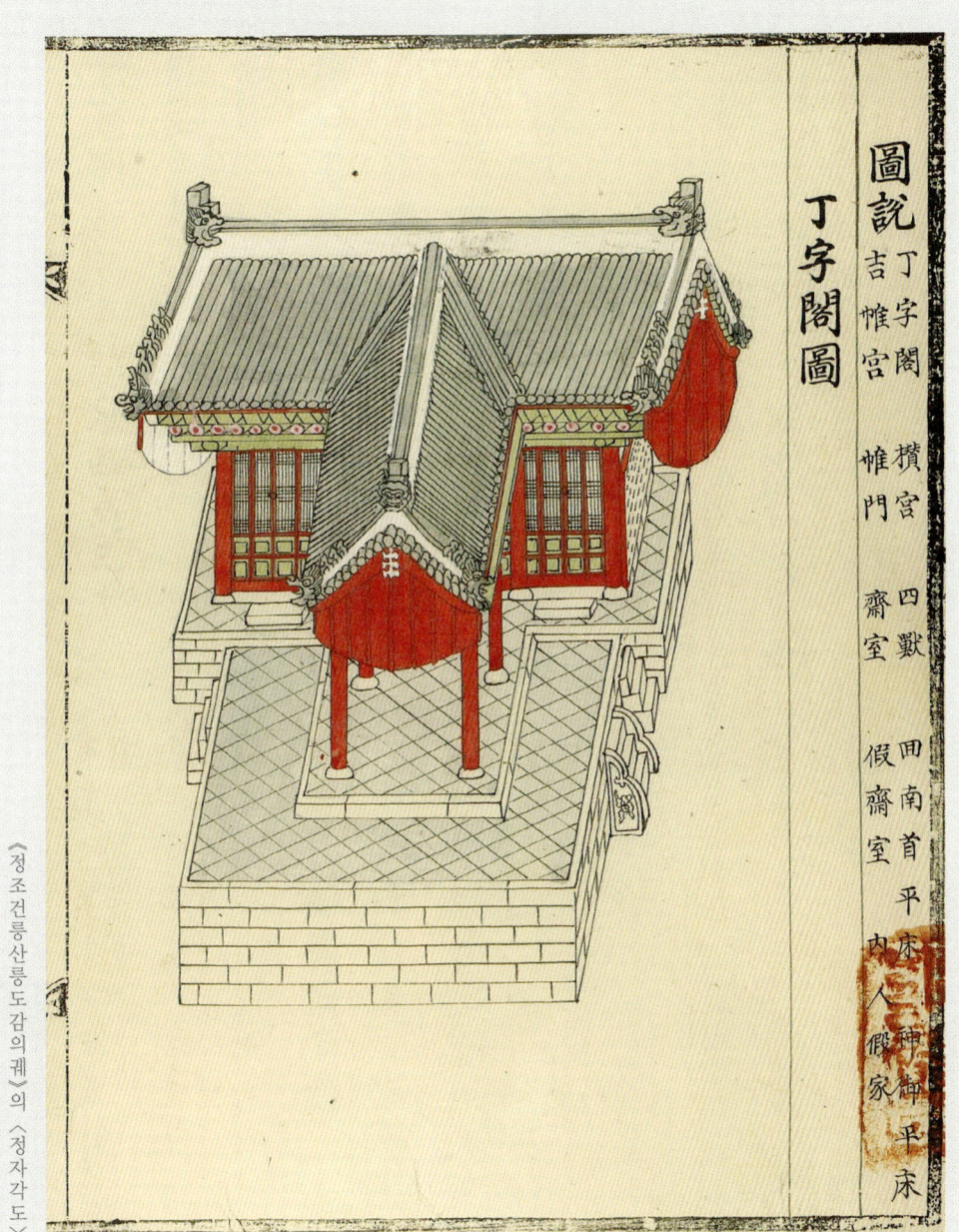

《정조건릉산릉도감의궤》의 〈정자각도〉

의궤의 이모저모

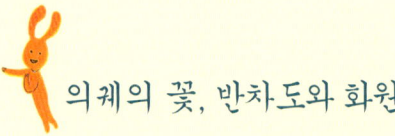 의궤의 꽃, 반차도와 화원

의궤에는 행사의 주요 장면을 그린 반차도가 실려 있어. 반차도(班次圖)란 사람들이 차례로 늘어선 그림이란 뜻이고 실제로도 옆으로 긴 모양을 하고 있어. 중요한 행사일수록 참여한 사람이 많아서 반차도의 길이가 길어져. 행사가 있기 전에 미리 반차도를 만들어서 행사에 참여한 사람들은 각자 자기 자리를 확인하고 연습을 했어.

반차도는 나라에 소속된 직업화가인 화원(畵員)이 그렸어. 궁궐의 건축물 그림, 임금님의 초상화, 그리고 의궤에 실린 그림을 그리는 것도 화원의 중요한 임무였어.

대표적인 화원으로는 김홍도가 있어. 우리는 김홍도를 주로 풍속화를 그린 화가로 알고 있지만 그는 뛰어난 궁중 화원이기도 했어.

화원은 비록 천한 계급이었지만 역사를 기록하는 중요한 일을 했단다. 사진기가 없던 시대에 화원의 그림은 사진의 역할을 대신했지. 우리는 반차도를 보면서 행사에 참여한 사람들이 얼마나 많았는지, 어떤 순서로 걸었는지, 무슨 옷을 입고 있었는지, 임금님은 어떤 가마를 타고 가셨는지를 마치 그 현장에 있는 것처럼 한눈에 알 수 있어.

반차도는 광물이나 식물로 만든 천연물감으로 그려져서 오랜 세월이 지나도 색이 바라거나 변하지 않아. 세월의 흔적을 간직한 자연 그대로의 은은한 색이 정말 아름답단다. 그래서 반차도를 의궤의 꽃이라 부르기도 해.

의궤가 만들어지는 과정

왕실 행사의 종류만큼 의궤의 종류도 다양해. 왕이 결혼할 때, 궁중에서 잔치를 벌일 때, 왕이 궁궐 밖으로 행차를 갈 때, 궁궐을 새로 지을 때, 조상님께 제사를 지낼 때, 중국에서 손님이 왔을 때 등등 중요한 국가행사는 모두 의궤로 만들었어.

중요한 행사를 앞두면 우선 그 행사를 담당할 도감(都監)이라는 임시 기관을 만들었어. 결혼식이 있으면 가례도감, 장례식이 있으면 국장도감 등 어떤 행사냐에 따라 이름이 달라졌지. 의궤의 이름 중 '~도감의궤'하는 것은 그 도감에서 만들었다는 뜻이야. 한 예로 《영조정순왕후가례도감의궤》는 이름은 길지만 나눠서 살펴보면, 영조와 정순왕후의 결혼식을 담당한 가례도감에서 만든 의궤라는 뜻이야.

왕실의 행사는 워낙 규모가 커서 도감에서 일을 하는 사람도 아주 많았어. 도감의 총 책임자는 도제조(都提調)였는데 주로 3정승 중에서 뽑았고, 부책임자인 제조(提調)는 판서 중에서 뽑았어. 그 밑에 실제 일을 하는 도청(都廳)이 2~3명, 낭청(郎廳)이 4~8명 정도 되었고 그 밑에 일을 나누어 도와주는 사람들이 있었어.

도제조(총책임자)　제조(부책임자)　도청과 낭청(실무 담당 관리)　실제 일하는 사람들

도감에서는 행사를 준비하고 진행하는 과정을 날짜순으로 정리해 의궤 제작에 밑바탕이 되는 자료를 만들었어. 행사가 끝나면 도감이 중심이 되어 의궤를 제작하기 시작했지. 5~9부 정도의 의궤까지 만들고 나면 비로소 행사가 완전히 끝이 났어.

의궤는 사람이 직접 손으로 글을 쓰고 그림을 그린 것도 있지만 《화성성역의궤》나 《원행을묘정리의궤》처럼 활자로 인쇄된 것도 있어. 활자본 의궤를 만든 까닭은 보다 많은 사람들에게 의궤를 보급하기 위해서였어.

어람용(御覽用) 의궤는 임금님께서 보시도록 특별히 만든 의궤야. 어람용 의궤는 초록 비단 표지로 만들어서 무척 화려하고 아름다워. 고종이 대한제국을 선포한 뒤에는 노란 비단 표지는 황제에게, 붉은 비단 표지는 황태자에게 올렸어. 반면 일반 의궤는 삼베를 표지로 써서 보다 소박한 느낌이 들지.

 의궤의 보관

어람용 의궤는 임금님이 보신 다음에 정조가 만든 왕실 도서관인 규장각에 보관했어. 1782년에는 강화도에 또 하나의 규장각을 짓고 외(外)규장각이라 불렀는데 그때부터 의궤는 외규장각에 옮겨 보관했지. 어람용 의궤 1부를 뺀 나머지 의궤는 각 행사를 담당한 기관과 지방의 사고에 나누어 보관했어. 예를 들어 결혼식을 기록한 《가례도감의궤》의 경우 담당 기관은 예조가 되고 성곽 건설을 기록한 《화성성역의궤》는 공조가 되는 식이야.

사고(史庫)는 나라의 중요한 기록을 오래도록 보관하기 위해 만든 곳이야. 조선 후기에 사고는 강화 정족산, 무주 적상산, 강릉 오대산, 봉화 태백산 이렇게 네 군데에 있었어. 사고가 이처럼 험한 산속에 있는 것은, 사람들이 쉽게 오지 못하게 해서 소중한 기록물이 손상되는 것을 막기 위해서였어. 2008년 숭례문이 불탄 것을 보면, 문화재 관리가 얼마나 중요한 일인지를 알 수가 있지. 우리 조상들은 치밀하게 기록하는 것만이 아니라 그렇게 기록한 것들을 후손에게 잘 남겨주기 위해 보관도 철저히 했어. 사고에 있던 의궤들은 일제시대를 거쳐 지금의 서울대학교 규장각에 옮겨졌어.

의궤의 표지에는 제목, 만들어진 시기와 함께 보관처가 적혀 있어. 예를 들면 《책례도감의궤(册禮都監儀軌)》는 의궤의 제목이고 갑술년(甲戌年)은 의궤를 만든 해(1694), 오대산상(五臺山上)은 오대산에 있는 사고에 보관한다는 뜻이야.

아직도 의궤가 뭔지 잘 모르겠다면 직접 의궤를 보러 가는 건 어떨까? 의궤는 서울대학교 규장각, 한국정신문화연구원 장서각, 프랑스 파리국립도서관에 보관되어 있어. 그 가운데 서울대학교 규장각은 약 560종, 2500책의 의궤가 있는 의궤의 보물창고야. 규장각에 가면 언제든지 전시실에서 의궤를 볼 수 있단다.

외규장각

세계가 우리 의궤의 우수함을 인정했어요

의궤에 많은 것이 담겨 있다는 사실을 이제 알았을 거야. 차근차근 살펴보다 보면 조선왕실에서 어떤 일들이 있었는지 알 수 있어. 특히 의궤의 풍부한 그림들은 글만으로는 전달하기 힘든 내용까지 한눈에 쉽게 이해할 수 있게 해 준단다.

이렇게 숨김없이 기록했으니 임금님이 함부로 나랏일을 처리하거나 나랏돈이 엉뚱한 곳으로 새 나가는 일은 애초에 불가능했겠지? 실제로 의궤에는 행사에 사용된 모든 물건의 수량과 비용은 물론, 남은 물건을 되돌려 준 사실까지 기록되어 있어. 또 각 업무를 맡은 사람들의 이름까지 적어 놓아서 잘못이 있을 때에도 대충 넘어가거나 할 수가 없었지. 문제가 생기면 책임질 사람을 당장 밝힐 수 있었으니까. 또 들어간 비용을 보면 왕실 행사였음에도 검소하게 행사를 치르고자 노력했다는 사실도 알 수 있지. 이처럼 정확하게 기록을 하면 큰 행사도 투명하고 정당하게 처리할 수가 있어.

의궤는 우리가 전통문화를 복원하는 데에도 꼭 필요한 자료야. 의궤가 있으면 임금님의 결혼식을 그대로 재현할 수 있고 전쟁으로 파괴된 성곽도 원래 모습처럼 다시 만들 수 있어. 우리의 자랑스런 문화유산을 오래도록 남기려면 우리도 선조들의 철저한 기록정신을 본받아야 해.

2007년에는 이러한 의궤의 가치를 세계적으로 인정받아 유네스코 세계기록유산에 당당히 이름을 올렸어. 세계가 우수함을 인정했다니 자랑스러운 일이지. 이제 의궤는 전 세계인이 함께 소중히 보존하고 사랑해야 할 문화유산이 되었어.

그런데 우리나라 의궤가 프랑스에도 있다는 걸 알면 놀랄 거야. 1866년 강화도를 침략한 프랑스 군대는 어람용 의궤가 보관되어 있었던 외규장각을 불태워버렸어. 그리고 서양인들이 보기에도 뛰어난 표지와 내용을 가진 어람용 의궤 297책을 약탈해 갔단다. 이 의궤들은 파리국립도서관에 보관되어 있다가, 2011년에 반환되어 국립중앙박물관에서 전시되기도 했지. 하지만 완전 환수가 아니라 '5년 단위 임대'라는 형식에 의한 것이라 논란거리가 되었단다.

우리나라 정부와 학자들은 약탈당한 의궤를 찾기 위한 노력을 계속하고 있어. 외국에 있는 우리 문화재를 되찾는 일은 생각보다 쉽지가 않아. 무엇보다도 우리나라가 당당히 '우리의 것을 내 놓으시오.' 하고 요구할 수 있을 만큼 힘이 세져야 해. 또 우리의 주장을 뒷받침해 줄 수 있게 다른 나라와의 관계도 돈독히 해야 하지.

가장 중요한 것은 우리 국민 모두가 의궤의 가치를 알고 소중하게 생각하는 일일 거야. 조선왕실의 보물이었던 의궤는 이제 우리 모두의 보물이 되었어. 우리가 관심을 기울일수록 의궤는 우리에게 더 많은 이야기를 들려줄 거란다.

즐거운 여행이었어.

★ **세계유산**
유네스코가 인류 공동을 위해 보호해야 할 가치가 있다고 인정한 유산을 일컫는다. 크게 문화유산, 자연유산, 복합(문화+자연)유산이 있다.

이 책에서 소개한 의궤 목록

정종대왕태실가봉의궤 (정종대왕태실석난간조배의궤) 1801년(순조 1) 규장각 소장
영조정순후가례도감의궤 1759년(영조 35) 규장각, 장서각, 파리국립도서관 소장
대사례의궤 1743년(영조 1) 규장각 소장
종묘의궤 1816년(순조 16, 숙종, 영조대의 의궤를 바탕으로 작성) 규장각 소장
사직서의궤 1783년(정조 7) 규장각 소장
경모궁의궤 1784년(정조 8) 규장각 소장
화성성역의궤 1801년(순조 1) 규장각, 장서각 소장
원행을묘정리의궤 1798년(정조 19) 규장각 소장
정조국장도감의궤 1800년(순조 즉위) 규장각 소장

이 책을 만드는 데 참고한 도서 목록

도록
《국립고궁박물관 전시안내도록》 국립고궁박물관, 2007
《규장각 명품도록》 서울대학교 규장각, 2000
《조선시대 궁중장식화 특별전, 태평성대를 꿈꾸며》 국립춘천박물관, 2004

단행본
《경복궁에서의 왕의 하루》 청동말굽, 문학동네어린이, 2003
《국역 영조정순후가례도감의궤》 민족문화추진회, 1997
《규장각에서 찾은 조선의 명품들》 신병주, 책과함께, 2007
《반차도로 따라가는 정조의 화성행차》 한영우, 효형출판, 2007
《수원 화성》 조소현, 열린박물관, 2006
《실학 정신으로 세운 조선의 신도시, 수원 화성》 김동욱, 돌베개, 2002
《영조와 정조의 나라》 박광용, 푸른역사, 1998
《66세 영조 15세 신부를 맞이하다》 신병주, 효형출판, 2001
《이산 정조대왕》 이상각, 추수밭, 2007
《임금님의 효행길》 윤문자, 가교, 2005
《정조의 화성행차, 그 8일》 한영우, 효형출판, 1998
《조선 왕실 기록문화의 꽃, 의궤》 김문식, 신병주 공저, 돌베개, 2005
《조선왕실의 안태와 태실 관련 의궤》 국립문화재연구소, 민속원, 2006
《조선 왕실의 의례와 생활, 궁중 문화》 신명호, 돌베개, 2002
《조선왕조 기록문화의 꽃, 의궤》 문화재청, 2007
《조선왕조 의궤》 신병주, 스쿨김영사, 2007
《조선시대 궁중기록화 연구》 박정혜, 일지사, 2000
《한국생활사박물관 시리즈 9~10》 한국생활사박물관, 사계절, 2004

이 책에 실린 도판 및 사진은 규장각 한국학연구원, 국립고궁박물관 등의 허가를 받아 게재한 것입니다.

글 유지현

홍익대학교에서 역사교육학을, 대학원에서 미술사학을 공부했어요. 학고재 화랑에서 큐레이터로 일했고 지금은 대학에서 강의를 하면서 글을 쓰고 있습니다. 두 아이의 엄마로서, 우리나라의 역사에 관심이 많은 사람으로서, 소중한 문화유산인 의궤에 대해 아이들이 알았으면 싶은 마음에 이 책을 쓰게 되었습니다.

그림 이장미

중앙대학교에서 동양화를 공부했습니다. 여러 차례 개인전을 가졌고 아이들 책에 그림 그리는 일을 계속하고 있습니다. 키우던 금붕어 '틀러'를 모델 삼아 이 책에 나오는 금붕어 박사를 그렸다고 해요. 그린 책으로 《유일한 이야기》 《한국사를 뒤흔든 열 명의 장군》 등이 있습니다.

감수·추천 신병주

서울대학교 국사학과 및 동대학원을 졸업하였습니다. 규장각 한국학연구원의 학예연구사를 거쳐 지금은 건국대학교 사학과 교수로 재직 중입니다. 역사의 대중화에 깊은 관심을 가져 KBS 〈역사추리〉 〈TV조선왕조실록〉 〈역사스페셜〉 〈한국사 傳〉의 자문을 맡았습니다. 지금은 KBS 〈역사추적〉의 자문을 맡고 있으며 남명학연구원 상임연구위원, 외규장각도서 자문포럼 위원이기도 합니다. 쓴 책으로 《조선왕조실록》 《66세의 영조, 15세 신부를 맞이하다》 《고전소설 속 역사여행》 《조선 왕실 기록문화의 꽃, 의궤》 《규장각에서 찾은 조선의 명품들》 등이 있습니다. 최근에는 실록과 의궤로 대표되는 조선시대의 기록문화와 왕실문화, 그리고 조선시대 지성을 있게 한 선비문화 연구에 열중하고 있습니다.

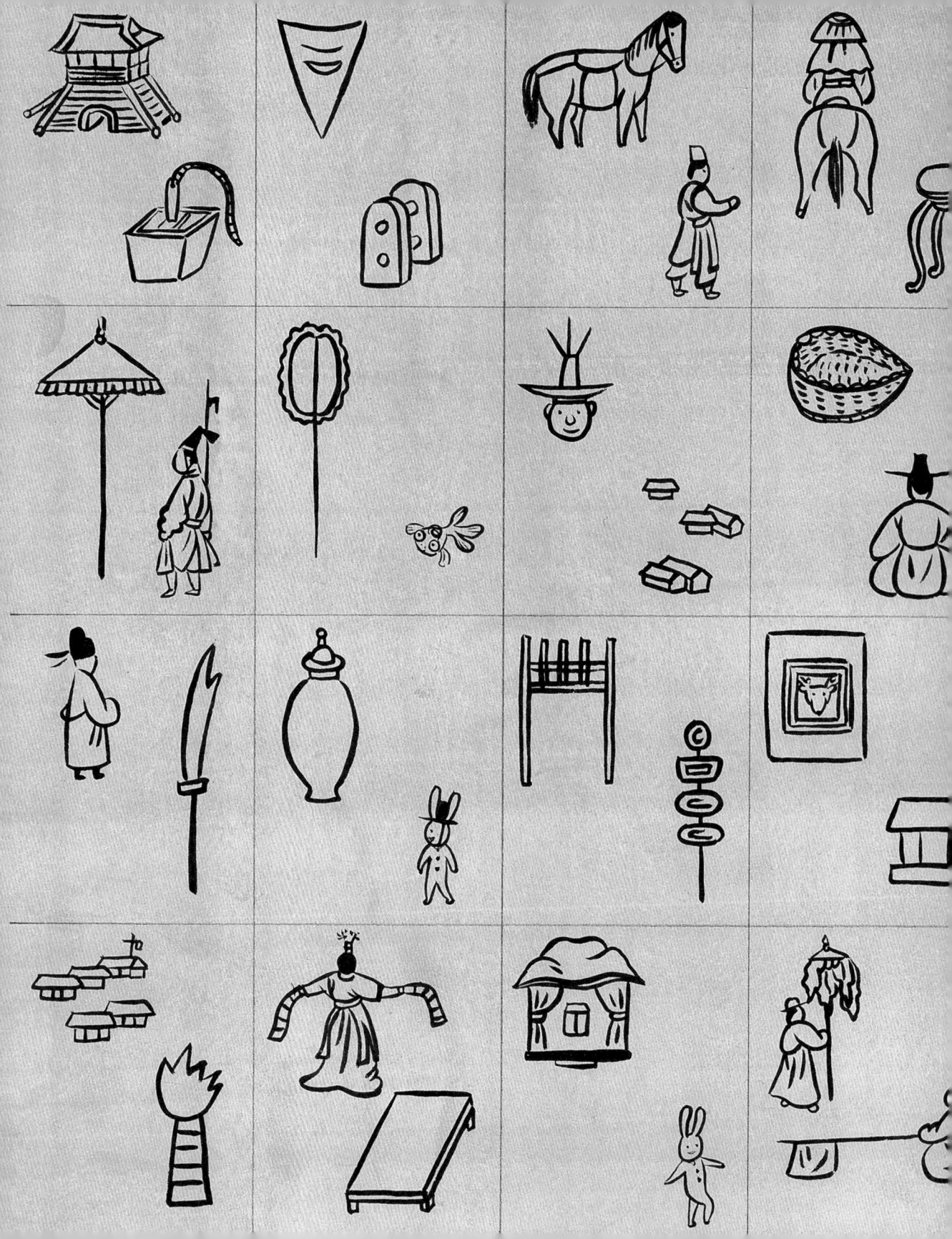